A HISTÓRIA DAS
ILUSÕES E LOUCURAS DAS MASSAS

CB041837

OS CISNES NEGROS

As loucuras e ilusões das massas são eventos que provocam o que o autor, Nassim Nicholas Taleb, chamou de **Cisnes Negros**: problemas de percepção causados nas pessoas por eventos aleatórios e inesperados que provocam impacto num grupo ou comunidade.

Diante de eventos inesperados e histerias coletivas, nós perdemos parte da capacidade de lidar racionalmente com a situação, de julgar o que é mais coerente e até de explicar o que realmente aconteceu.

O desafio proposto neste clássico é ler as tendências dos comportamentos humanos e se desprender das ilusões das massas. Esse é o caminho para sobreviver a esses eventos assustadores sem perder a cabeça e os negócios.

CHARLES MACKAY

A HISTÓRIA DAS ILUSÕES E LOUCURAS DAS MASSAS

Editado e comentado por
EDUARDO LEVY

COPYRIGHT © FARO EDITORIAL, 2020

Todos os direitos reservados.
Nenhuma parte deste livro pode ser reproduzida sob quaisquer meios existentes sem autorização por escrito do editor.

Diretor editorial PEDRO ALMEIDA

Coordenação editorial CARLA SACRATO

Preparação TUCA FARIA

Revisão BARBARA PARENTE

Capa e diagramação OSMANE GARCIA FILHO

Imagem de capa CATHERINE LANE | ISTOCKIMAGES

Imagens de internas [PP. 1, 10, 63, 64, 85, 86, 96, 112, EVERETT COLLECTION; P. 80, EVGENY TOMEEV; P. 89, GEORGIOS KOLLIDAS; P. 95, SYDA PRODUCTIONS; P. 133, ALINA_STOCK] SHUTTERSTOCK; AS DEMAIS IMAGENS SÃO DE DOMÍNIO PÚBLICO.

Dados Internacionais de Catalogação na Publicação (CIP)
Angélica Ilacqua CRB-8/7057

Mackay, Charles, 1814-1889
    A história das ilusões e loucuras das massas /
Charles Mackay ; tradução de Eduardo Levy. — São Paulo :
Faro Editorial, 2020.
    224 p.

    ISBN 978-65-86041-09-5
    Título original: Popular Delusions and The Madness of Crowds

    1. Psicologia social 2. Falácias (Lógica) 3. Impostores 4. Chantagistas e chantagens 5. Investimentos – Aspectos psicológicos I. Título II. Levy, Eduardo

20-1057   CDD 001.9

Índice para catálogo sistemático:
1. Psicologia social : Conhecimento controvertido e suposto

1ª edição brasileira: 2020
Direitos de edição em língua portuguesa, para o Brasil, adquiridos por FARO EDITORIAL

Avenida Andrômeda, 885 – Sala 310
Alphaville – Barueri – SP – Brasil
CEP: 06473-000
www.faroeditorial.com.br

SUMÁRIO

Apresentação   7
Prefácio à primeira edição   9

Capítulo 1 — Loucuras financeiras   11
O esquema do Mississípi   11
A bolha da Companhia dos Mares do Sul   37
Sobre as nossas loucuras financeiras   55
O encilhamento   57
O Plano Cruzado   58
A Crise de 2014   61

Capítulo 2 — Profecias modernas   65
Nossas profecias modernas   79
O bug do milênio   79
O fim do mundo maia   80
A Guerra de Canudos   81

Capítulo 3 — Influência da política e da religião no cabelo e na barba   87
Influência da política e da religião no cabelo e na barba em tempos recentes   94

Capítulo 4 — Venenos lentos   97
Venenos lentos em nossa sociedade   109

Capítulo 5 — Casas mal-assombradas   113
Casas mal-assombradas no Brasil   128
Edifício Joelma   129
O Castelinho do Flamengo   130
Vivenda Santo Antônio de Apipucos   131
Palácio Universitário da UFRJ   131

Capítulo 6 — As cruzadas   135
A cruzada popular   149
As cruzadas modernas   214

Fontes   221

APRESENTAÇÃO

Naquele tempo, era possível adivinhar o partido político de um cidadão pelo corte do seu cabelo. Brasil de 2020? Sim, mas também Inglaterra de 1646. É que os movimentos das massas transcendem época e lugar; é tão provável que aconteçam eventos semelhantes tanto no Brasil atual quanto na Inglaterra de 1642. Dessas manifestações, suas causas e efeitos é que trata este livro.

Embora a insanidade se manifeste de modos variados, os mecanismos psicológicos por trás dela permanecem. Assim, estudá-los é, a um só tempo, soro e vacina. Uma vez que as reflexões sobre a psicologia das massas já aparecem no Antigo Testamento e nas obras de Platão, não é exagero afirmar que são tão antigas quanto a própria escrita, nem que os botões da psique humana que, pressionados, transformavam tanto hebreus piedosos em idólatras, quanto atenienses racionais em bichinhos, são os mesmos que reduzem os esclarecidos cidadãos das metrópoles contemporâneas a crianças com medo do escuro.

Charles Mackay não trata exatamente de eventos, mas de certas tendências de comportamento que se repetem ao longo da história, ilustradas com exemplos específicos notáveis e divertidos. Mais que a especificidade dos acontecimentos, interessa a generalidade das tendências psicossociológicas que os produzem. Este livro não lida, portanto, com fósseis empoeirados do passado, mas com moléculas ativas do presente. Conhecê-las é ter poder sobre elas, é saber guiar-se por entre elas, é manter a própria cabeça no lugar enquanto todos ao redor se veem perdidos.

Se, porém, o estudo da loucura das massas é relevante, para nós é mais importante nos dias de hoje. Na Idade Média, um rumor insano levava meses, às vezes anos, para percorrer o mundo a cavalo. Em nossa época, percorre o mundo via fibra óptica em segundos. Assim, os desatinos populares têm sobre nós poder que jamais teve sobre nossos antepassados; dispomos de meios de tornar seus efeitos tanto mais desastrosos quanto mais veloz a sua difusão.

Para ilustrar a atualidade permanente dos tópicos aqui discutidos, apresentamos ao final de cada capítulo exemplos atuais e locais dos temas tratados por Mackay. Ninguém poderá duvidar, depois de lê-los, de que, por maior que seja o número de lâmpadas acesas, a invencibilidade das trevas é insuperável. Pois, parafraseando o economista Roberto Campos, a loucura humana tem passado glorioso e futuro promissor.

PREFÁCIO À PRIMEIRA EDIÇÃO

O objetivo do autor nas páginas que se seguem foi coletar as instâncias mais notáveis das epidemias morais que foram excitadas às vezes por uma causa, às vezes por outra, e mostrar a facilidade com que as massas são corrompidas e como os seres humanos são imitativos e gregários, mesmo nas suas fantasias e nos seus crimes.

As ilusões populares começaram tão cedo, espalharam-se tanto e duraram tanto tempo que cinquenta volumes não seriam suficientes para detalhar sua história. Assim, o presente volume deve ser considerado não um livro de história, mas uma miscelânea de ilusões — apenas um capítulo no terrível livro da demência humana que ainda está por ser escrito e que Porson disse certa vez, por troça, que escreveria em quinhentos volumes! São entremeados esboços de alguns temas mais leves — antes exemplos engraçados da propensão do povo à imitação e à teimosia do que de demência e ilusão.

Londres, 23 de abril de 1841

CAPÍTULO 1

LOUCURAS FINANCEIRAS

O ESQUEMA DO MISSISSÍPI

Há uma relação tão íntima entre a personalidade e a carreira de um homem específico e o grande esquema dos anos 1719 e 1720 que não pode haver introdução mais propícia para a narrativa da loucura do Mississípi do que um esboço da vida de seu grande autor, John Law. Alguns historiadores consideram-no um canalha, outros, um louco. Ambos os epítetos lhe foram aplicados em vida com profusão, enquanto ainda se sentiam profundamente as consequências infelizes de seus projetos. A posteridade, porém, encontrou motivos para duvidar da justiça da acusação, bem como para confessar que John Law não foi nem um canalha nem um louco, mas alguém que foi enganado em vez de enganar, foi vítima do pecado em vez de pecar. Ele conhecia muito bem a filosofia e os princípios do crédito. Compreendia a questão monetária melhor que qualquer outro homem de seu tempo. Se seu sistema sofreu um colapso tão tremendo, a culpa foi mais do povo entre o qual foi erguido que daquele que o ergueu. Law não contava com a insaciável cobiça de uma nação inteira; não calculou que a confiança poderia, assim como a desconfiança, ampliar-se quase ao infinito, nem que a esperança era tão extravagante quanto o medo. Como ele poderia prever que o povo francês, assim como o homem da fábula, mataria, em seu entusiasmo frenético, a bela galinha dos ovos de ouro que ele lhe dera?

John Law nasceu em Edimburgo no ano de 1671. Seu pai era o filho caçula de uma antiga família de Fife, e atuava como ourives e banqueiro, o que o levou a acumular considerável riqueza. O tema de nossa história, o filho mais velho, foi recebido na casa de contas do pai com a idade de catorze anos, e por três anos trabalhou duro para compreender os princípios do sistema bancário como então funcionava na Escócia. Ele sempre manifestara grande amor pelo estudo dos números, e possuía uma proficiência em matemática considerada extraordinária para alguém tão jovem. Com dezessete anos, Law era alto, forte e corpulento; seu rosto, embora profundamente marcado por cicatrizes de varíola, tinha expressão agradável e inteligente. Nessa época, ele começou a negligenciar os negócios da família e, tornando-se vaidoso, deu-se a vestir de forma extravagante. Tornou-se o grande favorito das senhoras abastadas. Com a morte do pai, que ocorreu em 1688, retirou-se inteiramente do trabalho e, em posse da renda das terras herdadas, partiu para Londres para ver o mundo.

Ao chegar à capital, logo se tornou frequentador regular de casas de jogos, nas quais, pondo em prática certo plano, baseado em algum tortuoso cálculo das possibilidades, conseguiu ganhar consideráveis somas. Era igualmente afortunado em termos de conquistas — damas de primeira linha sorriam graciosamente para o belo escocês, o jovem, o rico, o inteligente, o cortês. Mas todos esses sucessos só pavimentaram o caminho para os reveses. Depois de nove anos exposto às atrações da vida despreocupada que levava, Law se tornou um jogador irrecuperável, o que acabou por levá-lo a hipotecar as terras da família. Ao mesmo tempo, a vida de conquistador lhe trouxe problemas. Um caso amoroso, ou leve flerte, com uma senhora de nome Villiers o expôs ao ressentimento de certo senhor Wilson, por quem foi desafiado a um duelo. Law aceitou, e teve a má sorte de matar seu antagonista na hora. Ele foi preso no mesmo dia e levado a julgamento por assassinato pelos parentes do senhor Wilson. Considerado culpado, foi condenado à morte. A sentença foi comutada em uma multa, sob o argumento de que o crime se resumia a homicídio culposo, sem premeditação. Como o irmão do morto recorreu, Law foi detido em King's Beach, de onde, por um meio ou por outro, que ele nunca explicou, conseguiu escapar e

O economista escocês John Law tornou-se famoso pela sua vida de apostador, mulherengo e, principalmente, por ser considerado o fundador do sistema bancário atual.

alcançar o continente europeu, pelo qual viajou durante três anos, devotando muito de sua atenção ao temas bancários e monetários dos países por onde passou. Ficou alguns meses em Amsterdã, onde especulou em fundos. Suas manhãs eram devotadas aos estudos das finanças e dos princípios do comércio; as noites, às casas de jogos. Acredita-se que tenha retornado a Edimburgo no ano de 1700. É certo que publicou na cidade suas *Proposals and Reasons for constituting a Council of Trade* [Propostas e razões para constituir um conselho de comércio]. O panfleto não obteve grande atenção.

Pouco tempo depois, Law publicou um projeto para o estabelecimento que chamou um Banco de Terras, que emitiria notas cujo valor jamais deveria exceder o montante de todas as terras do Estado, com juros comuns, ou deveriam ser iguais em valor a terra, com o direito de assumir a posse em certo tempo. O projeto suscitou uma boa dose de discussão no parlamento escocês, e uma moção para o estabelecimento de banco similar foi apresentada por um partido neutro, chamado

Squadrone, cujo interesse Law despertara em seu favor. O parlamento, no fim das contas, anunciou uma resolução determinando que estabelecer qualquer tipo de crédito em papel era um expediente inadequado para a nação.

Com o fracasso desse projeto, assim como dos esforços que fez para obter perdão pelo assassinato do senhor Wilson, Law se retirou para o continente europeu e retomou os velhos hábitos de jogo. Perambulou por catorze anos, incluindo Flandres, Holanda, Alemanha, Hungria, Itália e França, e foi adquirindo conhecimento da magnitude do comércio e dos recursos de cada um dos locais por onde passava, o que o levou à convicção de que nenhum país poderia prosperar sem papel-moeda. Ao que parece, durante todo esse tempo seu principal meio de sustento foi o sucesso no jogo. Law era conhecido e apreciado em todas as casas de jogos da Europa, tido como o homem de seu tempo que mais entendia os meandros das probabilidades. Conta-se que ele foi expulso, primeiro de Veneza e depois de Gênova, pelos magistrados, que o consideraram visitante demasiado perigoso para a juventude da cidade. Durante sua residência em Paris, angariou a antipatia de D'Argenson, o comandante da polícia, de quem recebeu ordens de deixar a capital. Isso não aconteceu, porém, antes que ele tivesse conhecido, nos salões, o duque de Vendôme, o príncipe de Conti e o alegre duque de Orléans, este destinado a exercer enorme influência posterior sobre seu destino. O duque de Orléans, que prometera tornar-se patrono de Law, gostava da vivacidade e do bom senso do aventureiro escocês, ao passo que este não gostava menos da amabilidade e da inteligência do aristocrata. Nos frequentes encontros entre os dois, Law aproveitava todas as oportunidades para instilar suas doutrinas financeiras na mente de um homem cuja proximidade do trono, em data não muito distante, o destinava a desempenhar papel importante no governo.

Luís XIV morreu em 1715, e sendo o herdeiro do trono uma criança de apenas sete anos, o duque de Orléans assumiu as rédeas do governo como regente durante a minoridade dela. A maré estava a favor de Law, que seria carregado ao sucesso pela correnteza. O regente era seu amigo, já conhecia sua teoria e suas pretensões e estava inclinado, além disso, a ajudá-lo em quaisquer esforços para restaurar o crédito da França, que fora levado ao chão pelas extravagâncias do longo reinado de Luís XIV.

As finanças do país se achavam na mais extrema desordem. Um monarca profuso e corrupto, cuja profusão e corrupção eram imitadas por quase todos os funcionários, do mais elevado ao mais reles, levara a França à beira da ruína. A dívida nacional chegava a 3 bilhões de libras francesas, a receita, a 145 milhões, e as despesas do governo, a 142 milhões por ano, o que deixava apenas 3 milhões para pagar juros sobre 3 bilhões. A primeira providência do regente foi tentar descobrir um remédio para um mal de tamanha magnitude, e para tratar do tema convocou com presteza um conselho. O duque de Saint-Simon foi da opinião de que nada poderia salvar o país da revolução senão um remédio a um só tempo ousado e perigoso. Ele aconselhou o regente a convocar os estados gerais e declarar a falência nacional. O duque de Noailles, homem de princípios flexíveis, cortesão de talento e pessoa avessa a qualquer problema ou chateação de que se pudesse escapar com engenhosidade, se opôs, com sua grande influência, ao projeto de Saint-Simon, que pintou como tanto desonesto quanto maléfico. O regente foi da mesma opinião, e o remédio desesperado foi descartado.

No fim, as medidas adotadas, embora prometessem justiça, apenas agravaram o mal. A primeira, e mais desonesta, não trouxe nenhuma vantagem para o Estado. Ordenou-se uma recunhagem pela qual a moeda foi depreciada em um quinto; aqueles que levassem mil peças de ouro ou prata à casa da moeda receberiam de volta uma quantia do mesmo valor nominal, mas de apenas quatro quartos do peso em metal. Por esse artifício o tesouro ganhou 72 milhões de libras, e todas as operações comerciais do país foram desordenadas. Uma ligeira diminuição de impostos silenciou os clamores do povo, e em prol da leve vantagem presente o grande mal futuro foi esquecido.

A seguir instituiu-se uma Câmara de Justiça para investigar a má administração daqueles que emprestavam dinheiro e coletavam receitas. Coletores de impostos nunca são populares em país nenhum, mas os da França desse período mereciam todo o ódio que lhes era devotado. Assim que esses coletores gerais, com toda a sua hoste de subordinados, foram chamados a responder por seus malfeitos, a mais extravagante alegria tomou posse da nação. A Câmara de Justiça, instituída principalmente para esse propósito, foi dotada de poderes bastante amplos. Ela era composta de presidentes e conselhos do parlamento, juízes das Cortes de Auxílios e Pedidos, oficiais da Câmara de Contas, sob presidência geral do ministro das Finanças. Informantes foram encorajados a fornecer provas contra os acusados pela promessa de um quinto do valor das multas aplicadas e das somas confiscadas. Um décimo de todos os bens ocultados pertencentes aos culpados foi prometido àqueles que fornecessem os meios de descobri-los.

Só se pode explicar o grau de consternação que a promulgação do édito de constituição dessa corte causou entre aqueles que seu principal objetivo era examinar com base na suposição de que o peculato deles tinha sido enorme. Não houve compaixão. As medidas tomadas contra eles justificavam o terror. A Bastilha logo se tornou incapaz de receber os prisioneiros que lhe eram enviados, e os cárceres de todo o país pululavam de pessoas culpadas ou suspeitas. Emitiu-se uma ordem para que estalajadeiros e chefes de estação recusassem cavalos àqueles que buscassem segurança na fuga; e todas as pessoas foram proibidas, sob pesadas multas, de abrigá-los ou favorecer sua evasão. Alguns foram condenados ao pelourinho, outros às galés, e os menos culpados, a multas e prisão. Somente um foi condenado à morte.

Outros, talvez mais culpados, foram mais afortunados. Muitas vezes o confisco, devido à ocultação dos próprios tesouros pelos delinquentes, rendia menos dinheiro que uma multa. A severidade do governo relaxou, e multas, sob o nome de taxas, foram cobradas indistintamente de todos os infratores. Mas tão corruptos eram todos os departamentos da administração que o país não se beneficiou senão minimamente das somas que afluíram ao tesouro por esse meio. Os cortesãos, bem como suas esposas e amantes, ficaram com a principal parcela dos espólios. Um cobrador, à proporção de sua riqueza e culpa, fora taxado em 12 milhões de libras. Um conde influente no governo chamou-o e ofereceu uma remissão da multa mediante 100 mil coroas. "Vossa Graça está atrasado, meu amigo", replicou o financista, "eu já cheguei a um acordo com a sua esposa por 50 mil."

LOUCURAS FINANCEIRAS

Cerca de 180 milhões de libras foram arrecadados dessa maneira, dos quais 80 milhões foram aplicados no pagamento dos débitos contratados pelo governo. O restante encontrou seu destino nos bolsos dos cortesãos. O povo, que costuma expressar compaixão pelos fracos quando acaba a primeira explosão de seu ressentimento, ficou indignado com o uso de tanta rigidez para propósito tão pequeno, não vendo justiça alguma em roubar uma classe de ladrões para engordar outra. Em alguns meses, os mais culpados tinham sido punidos, e a Câmara de Justiça começou a procurar por vítimas em meio a grupos mais humildes. Em consequência dos grandes incentivos dados a informantes comuns, acusações de fraudes e extorsão foram levantadas contra comerciantes de bom caráter, que foram compelidos a abrir seus negócios diante do tribunal para provar a própria inocência. A voz da queixa ressoou por todos os lados, e ao fim de um ano o governo achou aconselhável descontinuar procedimentos ulteriores. A Câmara de Justiça foi suprimida, e uma anistia geral foi concedida a todos contra os quais ainda não se haviam proferido queixas.

Em meio a essa confusão financeira, Law apareceu em cena. Nenhum homem sentia o deplorável estado do país com mais profundidade que o regente, mas nenhum homem poderia ter mais aversão a colocar a mão na massa com virilidade. Ele não gostava de negócios; assinava documentos oficiais sem o devido exame e confiava a outros o que deveria fazer por conta própria. As atividades inseparáveis de sua posição elevada lhe eram penosas. Ele via que algo precisava ser feito; mas faltava-lhe energia para fazê-lo e virtude para sacrificar sua comodidade e seus prazeres à tentativa. Não espanta que, com esse caráter, ele tenha dado ouvidos aos projetos impetuosos e tão fáceis de executar do esperto aventureiro que conhecera anos antes e cujos talentos apreciava.

Quando Law se apresentou na corte, foi recebido com a maior das cordialidades. Ele ofereceu ao regente dois memorandos nos quais explicava os males que haviam se abatido sobre a França devido a uma moeda deficiente depreciada em diferentes ocasiões. Ele garantiu que uma moeda metálica, sem o auxílio de dinheiro em papel, era inteiramente inadequada aos interesses de um país comercial, e citou especificamente os exemplos da Grã-Bretanha e da Holanda para mostrar as vantagens do papel. Com vários argumentos sólidos a respeito do tema do crédito, ele propôs, como meio de restaurar o da França, então em maré tão baixa entre as nações, que lhe fosse permitido estabelecer um banco que deveria administrar as receitas reais e emitir notas que teriam como garantia tanto essas receitas quanto terras. Propôs ainda que esse banco fosse administrado em nome do rei, mas sujeito ao controle de comissários a serem nomeados pelos Estados Gerais. Enquanto esses memorandos estavam sob consideração, Law traduziu para o francês seus ensaios sobre dinheiro e comércio, e usou todos os meios para estender à nação seu renome como financista. Logo se tornou tema de conversa, e todos esperavam grandes coisas dele.

Em 5 de maio de 1716, foi publicado um édito real mediante o qual Law era autorizado, em conjunto com seu irmão, a estabelecer um banco, sob o nome Law e Companhia, cujas notas seriam recebidas em pagamento dos impostos. O capital foi fixado em 6 milhões de libras, em 12 mil ações de 5 mil libras cada uma, compráveis um quarto em espécie e o restante em *billets d'état*, ou seja, notas promissórias do governo. Por conveniência não lhe garantiram todos os privilégios pregados em seus memorandos antes de a experiência mostrar que eram seguros e vantajosos.

Law estava agora no caminho da fortuna. Ele tornou todas as notas pagáveis à vista, e na moeda corrente na época em que tivessem sido emitidas. Esta última medida foi um golpe de mestre, pois imediatamente tornou suas notas mais valiosas que os metais preciosos, constantemente sujeitos a depreciação pela interferência imprudente do governo. Mil libras de prata poderiam ter o valor nominal em um dia e ser reduzidas a um sexto dele no dia seguinte, mas as notas do banco de Law conservavam o valor original. Ao mesmo tempo, ele declarou publicamente que o banqueiro que fizesse emissões sem ter garantias suficientes para responder a todas as demandas merecia a morte. A consequência foi que logo suas notas subiram na estima pública, e passaram a ser recebidas a um valor 1% maior que o do metal. Não demorou para que os negócios do país sentissem o benefício. O comércio, antes definhando, começou a reaparecer; os impostos passaram a ser pagos com mais regularidade e menos murmúrios; e estabeleceu-se um grau de confiança que, se continuasse, não poderia deixar de ser ainda mais vantajoso. No curso de um ano, o ágio das notas de Law subiu para 15%, enquanto os *billets d'état*, ou notas emitidas pelo governo como garantia para os débitos contraídos pelo extravagante Luís XIV, estavam com abatimento de não menos que 78,5%. A comparação era favorável demais a Law para não atrair a atenção de todo o reino, e seu crédito aumentava mais a cada dia. Filiais de seu banco foram estabelecidas quase simultaneamente em Lyons, Rochelle, Tours, Amiens e Orléans.

Ao que parece, o regente ficou completamente atônito com o sucesso do escocês, o que o levou a conceber gradualmente a ideia de que o papel, que podia prestar tanto auxílio à moeda metálica, poderia substituí-la de todo. Com base nesse erro fundamental, ele agiu mais

Charge da época ilustrando o sistema de Law

tarde. Enquanto isso, Law deu início ao famoso projeto graças ao qual seu nome passaria à posteridade. Ele propôs ao regente (que não era capaz de lhe recusar nada) estabelecer uma companhia que teria o privilégio exclusivo de comercializar com o grande rio Mississípi e a província de Louisiana, à margem esquerda dele. Supunha-se que o local abundava de metais preciosos; e a companhia, patrocinada pelos lucros do comércio exclusivo deles, seria a única entidade a cobrar impostos e a cunhar dinheiro. Cartas-patente incorporando a companhia foram emitidas em agosto de 1717. O capital foi dividido em 200 mil ações de 500 libras cada uma, que poderiam ser pagas inteiramente em *billets d'état*, com seu valor nominal, embora não valesse mais do que 160 libras no mercado.

Foi nesse momento que o furor especulativo começou a se apossar da nação. O banco de Law obtivera efeitos tão bons que se acreditava prontamente em qualquer promessa futura que ele julgasse conveniente fazer. O regente conferia cada vez mais privilégios ao afortunado empreendedor. O banco ganhou o monopólio da venda de tabaco; o direito único de refino de ouro e prata; e por fim foi transformado no Banco Real da França. Intoxicados pelo sucesso, tanto Law quanto o regente se esqueceram da máxima proclamada tão amplamente por aquele, de que o banqueiro que fizesse emissões de papéis sem os fundos necessários para garanti-los merecia a morte. Assim que o banco deixou de ser privado e se tornou público, o regente fez com que se produzisse um montante de notas que chegava à quantia de 1 bilhão de libras. Esse foi o primeiro desvio dos princípios sólidos — pelo qual não é justo culpar Law. Enquanto as questões do banco estiveram sob seu controle, as emissões nunca excederam 60 milhões. Não se sabe se ele se opôs ao aumento desordenado; mas como este ocorreu tão logo o banco se tornou um estabelecimento real, não é nada mais que justo lançar a culpa pela mudança do sistema no regente.

Law descobriu que vivia sob um governo despótico; mas ainda não estava ciente da perniciosa influência que um governo desse tipo poderia exercer sobre uma estrutura tão delicada quanto a do crédito. Isso se tornaria claro para ele mais tarde, a um elevado custo, mas nesse meio-tempo ele teve de suportar ser impelido pelo regente a ações que sua própria razão deve ter desaprovado. Com a mais repreensível das fraquezas, ele prestou seu auxílio para inundar o país de papel-moeda, o qual, desprovido de bases sólidas, estava fadado a fracassar, mais cedo ou mais tarde. A extraordinária fortuna presente lhe ofuscou os olhos, impedindo-o de enxergar o mau dia que explodiria sobre sua cabeça assim que, por um motivo ou por outro, o alarme soasse. Desde o início, o parlamento ressentiu-se da influência de Law, um estrangeiro, além de ter apreensões quanto à segurança dos projetos dele. À medida que a influência de Law se ampliava, crescia a animosidade. D'Aguesseau, o chanceler, foi demitido sem cerimônias pelo regente por sua oposição ao vasto aumento de papel-moeda e à constante depreciação das moedas de ouro e prata do reino. Isso só serviu para aumentar a animosidade do parlamento, que se tornou mais violento do que nunca quando D'Argenson, um homem devotado aos interesses do regente, foi apontado à chancelaria vaga e transformado ao mesmo tempo em ministro das Finanças. A primeira medida do novo ministro causou uma depreciação adicional da moeda. Para extinguir os *billets d'état*, ordenou-se que as pessoas que levassem à casa da moeda 4 mil libras em espécie e mil libras em *billets d'état* recebessem de volta em moeda o valor de 5 mil libras. D'Argenson orgulhou-se imensamente de criar assim 5 mil libras menores e novas a partir de 4 mil antigas e maiores, por ser demasiado ignorante dos verdadeiros princípios do comércio e do crédito para ter consciência do imenso dano que infligia a ambos.

O parlamento percebeu de imediato a impropriedade e o perigo desse sistema, e fez repetidos protestos ao regente. Como este se recusou a levá-los em consideração, a casa, mediante uma ampliação ousada e demasiado incomum da própria autoridade, determinou que não se recebesse em pagamento nenhum tipo de dinheiro que não fosse o do padrão antigo. O regente convocou uma *lit de justice* — ou seja, uma sessão formal do parlamento presidida pelo rei — e anulou o decreto. O parlamento resistiu e emitiu outro. Mais uma vez, o regente exerceu seu privilégio e o anulou, até que o parlamento passou outro decreto, datado de 12 de agosto de 1718, pelo qual proibia que o banco de Law tivesse qualquer envolvimento, direto ou indireto, na administração de receitas; e proibia todos os estrangeiros, sob pesadas penas, de interferir, em seu próprio nome ou no de outros, na administração das finanças do Estado. A casa considerava Law o autor de todos os males, ao ponto de ter havido quem propusesse, na virulência da inimizade, que ele fosse levado a julgamento e, se considerado culpado, enforcado nos portões do Palácio de Justiça.

Muito alarmado, Law fugiu para o Palácio Real e se colocou sob proteção do regente, rezando para que se tomassem medidas para reduzir o parlamento à obediência. O regente não tinha outra coisa em mente. O parlamento foi por fim subjugado mediante a prisão de seu presidente e de dois conselheiros, que foram enviados a prisões distantes.

Assim, a primeira nuvem sobre os prospectos de Law se dissipou: sem a apreensão de estar em perigo pessoal, ele devotou sua atenção ao famoso projeto do Mississípi, cujas ações subiam rapidamente, a despeito do parlamento. No início do ano de 1719, publicou-se um édito garantindo à Companhia do Mississípi o privilégio exclusivo de comercializar com as Índias Ocidentais, a China e os Mares do Sul, e todas as possessões da Companhia das Índias Ocidentais Francesas. A companhia, em consequência desse grande aumento de negócios, assumiu, como mais apropriado, o título de Companhia das Índias, e criou 50 mil novas ações. Agora, os prospectos oferecidos por Law eram os mais magníficos. Ele prometeu dividendos anuais de 200 libras sobre cada ação de 500 libras. Como as ações eram pagas em *billets d'état*, a seu valor nominal, mas valiam apenas 100 libras, a taxa de lucro era de cerca de 120%.

O entusiasmo público, que vinha subindo fazia tanto tempo, não pôde resistir a uma visão tão esplêndida. Pelo menos 300 mil subscrições foram feitas pelas 50 mil novas ações, e a casa de Law era assolada de manhã até a noite pelos entusiasmados investidores. Como era impossível satisfazer a todos eles, passaram-se várias semanas antes que uma lista dos novos acionistas felizardos pudesse ser feita, período durante o qual a impaciência pública chegou a um nível frenético. Duques, marqueses e condes, com suas duquesas, marquesas e condessas, esperavam várias horas por dia na rua diante da porta de Law para saber o resultado. Por fim, para evitar os empurrões da multidão de plebeus, que lotava a via aos milhares, eles se hospedaram nas casas adjacentes, para que pudessem estar sempre próximos do templo onde

LOUCURAS FINANCEIRAS

o novo Plutão* distribuía fortuna. Todo dia o valor das ações antigas aumentava, e as novas aplicações, induzidas pelos sonhos dourados de toda a nação, tornaram-se tão numerosas que se considerou aconselhável criar não menos que 300 mil novas ações, a 5 mil libras cada uma, para que o regente pudesse se aproveitar do entusiasmo popular para quitar a dívida nacional. Para isso, era necessária a soma de 15 bilhões de libras. O entusiasmo da nação era tanto, que o povo teria subscrito três vezes essa soma se o governo tivesse autorizado.

Agora Law estava no zênite de sua prosperidade, e o povo se aproximava rapidamente do zênite de seu deslumbramento. Não houve uma única pessoa de destaque da aristocracia que não tivesse se envolvido na compra e venda de ações. Pessoas de todas as idades, gêneros e condições de vida especulavam com a alta e a baixa dos títulos da Companhia do Mississípi. A Rue Quincampoix era o grande reduto dos especuladores e, sendo ela estreita e inconveniente, continuamente ocorriam acidentes em consequência da tremenda pressão da multidão. O aluguel anual das casas da rua, que era normalmente mil libras, chegou a 16 mil. A grande aglomeração de pessoas que se reuniam para fazer negócios trouxe uma aglomeração ainda maior de espectadores, o que, por sua vez, atraiu ao local todos os ladrões e imorais de Paris, de modo que aconteciam arruaças e perturbações constantes. Ao cair da noite, muitas vezes era necessário enviar uma tropa de soldados para esvaziar as vias públicas.

Percebendo a inconveniência de sua residência, Law mudou-se para a Place Vendôme, para onde a multidão de *agioteurs* o seguiu. A espaçosa praça logo se tornou tão apertada quanto a Rue Quincampoix: de manhã até a noite, tinha a aparência de uma feira. Barracas e tendas foram erguidas para transações de negócios e refeições, e jogadores, munidos de roletas, estacionaram bem no centro da praça. O barulho era tão grande o dia todo que o chanceler, cuja corte se situava ali, queixou-se ao regente e à municipalidade de que não conseguia ouvir seus interlocutores. Law, quando consultado, expressou a disposição de ajudar na remoção do incômodo, e para esse propósito fez um tratado com o príncipe de Carignan para ocupar o Hôtel de Soissons, cujo fundo tinha um

---

* Na mitologia greco-latina, Plutão era o deus da riqueza. (N. do T.)

amplo jardim. Assim que Law se instalou na sua nova morada, publicou-se um édito proibindo todas as pessoas de comprar ou vender ações em qualquer lugar além dos jardins do Hôtel de Soissons. No meio dele, entre as árvores, cerca de quinhentas pequenas tendas e pavilhões foram erguidos para a conveniência dos especuladores.

Dois homens de letras sóbrios e filosóficos, M. de la Motte e o abade Terrason, congratularam-se mutuamente por não terem caído vítimas do estranho feitiço. Alguns dias mais tarde, ao sair do Hôtel de Soissons, onde fora comprar ações da Mississípi, o valoroso abade vê entrando ali, para o mesmo fim, ninguém menos que seu amigo La Motte. "Ha!", diz ele sorrindo, "é *você*?". "Sim", responde La Motte, passando rápido pelo religioso, "e será possível que este seja *você*?". No encontro seguinte dos dois eruditos, eles conversaram sobre filosofia, ciência e religião, mas nenhum deles teve coragem, durante muito tempo, de dar um pio sobre a Mississípi. Por fim, quando trataram do tema, concordaram que nunca se deve jurar não fazer algo, e que não havia nenhum tipo de extravagância de que mesmo homens sábios fossem incapazes.

Durante esse tempo, Law, o novo Plutão, havia se tornado da noite para o dia o personagem mais importante da nação. As antecâmaras do regente foram abandonadas pelos cortesãos. Nobres, juízes e bispos aglomeravam-se no Hôtel de Soissons; oficiais do exército e da marinha, senhoras de renome e da moda e todo aquele ao qual título hereditário ou emprego público dava razão de precedência podia ser encontrado aguardando nas antecâmaras dele para implorar por uma porção da sua Companhia das Índias.

O preço das ações às vezes subia 10% ou 20% no curso de algumas horas, e muitas pessoas mais humildes, que tinham acordado pobres de manhã, iam para a cama afluentes. Um possuidor de muitos títulos, ao ficar doente, mandou seu servente vender duzentas e cinquenta ações a 8 mil libras cada, preço pelo qual eram então negociadas. O servente partiu e, ao chegar ao Jardin de Soissons, descobriu que no intervalo o preço subira para 10 mil libras. A diferença de 2 mil libras em duzentas e cinquenta ações, um total de 500 mil libras, ele transferiu friamente para o próprio uso, dando o restante a seu senhor e partindo para outro país na mesma noite. O cocheiro de Law, que em curtíssimo tempo

LOUCURAS FINANCEIRAS

ganhou dinheiro suficiente para adquirir uma carruagem para si próprio, requisitou permissão para deixar seu serviço, e a obteve. Então, o cocheiro levou dois antigos colegas à presença de Law — o ex-patrão deveria escolher um deles, e ele ficaria com o outro.

Em meio a lúdicros eventos como esses, ocorreram outros de natureza mais séria. Roubos nas ruas eram ocorrência diária, em consequência das imensas somas, em papel, que as pessoas carregavam consigo. Assassinatos também eram frequentes. A lassitude geral da moralidade pública, já conspícua antes, tornou-se ainda pior graças à rápida perversão da classe média, que permanecera até então comparativamente pura entre os vícios abertos da classe acima e os crimes ocultos da classe abaixo. A perniciosa paixão pelo jogo se espalhou pela sociedade e eliminou, antes de chegar, toda a virtude pública e quase toda a particular.

Por um tempo, enquanto a confiança durou, o comércio ganhou ímpeto, o que não podia deixar de ser benéfico. Os resultados foram sentidos especialmente em Paris. Estrangeiros afluíram de toda parte à capital, dispostos não a ganhar dinheiro, mas a gastar. A duquesa de Orléans, mãe do regente, calculou o aumento populacional nessa época em 305 mil almas. As arrumadeiras foram obrigadas a fazer camas no sótão, na cozinha e até no estábulo para a acomodação de hóspedes; e a cidade estava tão abarrotada de carruagens e veículos de todo tipo que nas ruas principais eles eram obrigados a andar ao ritmo de caminhada para evitar acidentes. Os teares do país trabalhavam de forma incomum para fabricar ricos lações, sedas e veludos, cujos preços, sendo pagos em papel abundante, quadriplicaram. As provisões participaram do progresso geral. Pão, carne e verduras eram vendidos pelos maiores montantes já vistos até então, e os salários subiram exatamente na mesma proporção. Novas casas eram construídas em todas as direções: uma prosperidade ilusória reluzia sobre a terra, ofuscando tanto os olhos da nação que ninguém conseguia enxergar a nuvem negra no horizonte a anunciar a tempestade que se aproximava com demasiada rapidez.

O próprio Law, o mágico cuja varinha efetuara essa espantosa transformação, participou, é claro, da prosperidade geral. Sua mulher e sua filha eram cortejadas pela mais alta nobreza, e sua presença era disputada por herdeiros de duques e príncipes. Ele comprou duas propriedades esplêndidas em diferentes partes da França e começou a negociar com a família do duque de Sully a compra do marquesado de Rosny. Como a religião era um obstáculo ao seu avanço (John Law era protestante), o regente lhe prometeu, se ele se convertesse publicamente à fé católica, torná-lo controlador-geral das finanças. Law, que não era mais verdadeiramente religioso que nenhum outro jogador professo, concordou de pronto, e foi crismado pelo abade de Tencin na catedral de Melun, na presença de uma grande multidão de espectadores. No dia seguinte, ele foi eleito curador honorário da paróquia de Saint Roche, ocasião em que concedeu a ela a doação de 500 mil libras. Seus atos de caridade, sempre magnânimos, nem sempre eram tão ostensivos. Em particular, ele doava vastas somas, e nenhuma história de verdadeira aflição chegava a seus ouvidos em vão.

Nessa época, ele era de longe a pessoa mais influente do governo. O duque de Orléans confiava tanto em sua sagacidade e no sucesso de seus planos que sempre o consultava a respeito de todo assunto do momento. O sucesso não lhe subiu à cabeça de nenhuma forma, e Law continuou o mesmo homem simples, sensato e afável que se mostrara na adversidade. Se ele chegava a mostrar sintomas de arrogância, era com os servis nobres, que esbanjavam tanto na adulação que ela se tornava repugnante. Muitas vezes, ele se deliciava de ver quanto tempo podia fazê-los esperar por um único favor. Para aqueles de seus compatriotas que por acaso visitassem Paris e o procurassem, ao contrário, ele era todo cortesia e atenção. Quando Archibald Campbell, conde de Islay, foi vê-lo na Place Vendôme, teve de passar por uma antecâmara apinhada de pessoas da primeira distinção, todas ansiosas para ver o grande financista. Law, porém, sentado calmamente em sua biblioteca, escrevia para o jardineiro de sua propriedade paterna uma carta sobre plantação de repolhos! O conde ficou por tempo considerável, jogou cartas com o compatriota e, ao partir, sentia-se encantado com a calma, o bom senso e a boa criação de Law.

Diante da prosperidade generalizada, não é de espantar que Law tenha sido quase idolatrado pela população mercurial. Jamais monarca algum foi tão bajulado quanto ele. Todos os pequenos poetas e literatos do dia lhe derramavam rios de adulação. De acordo com eles, o escocês era o salvador da nação, a divindade tutelar da França; a inteligência morava em todas as suas palavras, a bondade, em todas as suas aparências, e a sabedoria, em todas as suas ações. Era tão grande a multidão que seguia sua carruagem que o regente lhe enviou uma tropa a cavalo como escolta permanente para esvaziar as ruas pelas quais ele passaria.

O sistema continuou a florescer até o começo do ano de 1720. Foram desconsideradas as advertências do parlamento de que a criação de quantidade tão grande de papel-moeda levaria o país à bancarrota mais cedo ou mais tarde. O regente, que não entendia absolutamente nada da filosofia das finanças, acreditava que um sistema que produzira tantos efeitos benéficos jamais poderia ser levado ao excesso. Se 500 milhões

Sátira sobre a arquitetura e a bolha do Esquema do Mississípi

A HISTÓRIA DAS ILUSÕES E LOUCURAS DAS MASSAS

em papel tinham sido tão vantajosos, outros 500 milhões seriam mais vantajosos ainda. Este foi o grande erro do regente, erro que Law não tentou dissipar. A avidez extraordinária do povo sustentava a ilusão; e quanto mais o preço das ações das Companhias das Índias e do Mississípi subia, mais *billets de banque* eram emitidos para acompanhá-lo. Não é despropositado comparar a situação ao maravilhoso palácio erigido por Potemkin, o bárbaro nobre russo, para surpreender e agradar sua amante: enormes blocos de gelo foram empilhados uns em cima dos outros; pilares iônicos, fruto do mais casto trabalho, formaram um nobre pórtico; e um domo, do mesmo material, brilhava ao sol, que tinha força suficiente apenas para dourá-lo, mas não para derretê-lo. Ele brilhava de longe, como um palácio de cristais e diamantes; mas veio uma brisa morna do sul, e a imponente edificação se dissolveu até o ponto em que nem mesmo os fragmentos puderam ser recolhidos. Assim ocorreu com o sistema de papel de Law. Bastou o ar da desconfiança popular soprá-lo com força para que desabasse e se transformasse em ruínas, sem que ninguém pudesse erguê-lo de novo.

O primeiro alarme, tênue, foi disparado no início de 1720. Ofendido porque Law lhe negara novas ações da Companhia das Índias, o príncipe de Conti mandou funcionários ao banco para exigir pagamento em espécie de quantidade tão enorme de notas que três vagões foram necessários para transportá-las. Law queixou-se ao regente, e apelou que se atentasse ao prejuízo que esse exemplo acarretaria se encontrasse muitos imitadores. Muito consciente disso, o regente ordenou ao príncipe de Conti, sob pena de causar-lhe grande desprazer, que devolvesse ao banco dois terços da quantidade que retirara dele. O príncipe foi forçado a obedecer à ordem despótica. É estranho, porém, que esse aperto não tenha deixado nem Law nem o regente mais ansiosos para restringir as emissões de notas. Logo apareceram outros a imitar, por desconfiança, o exemplo que o príncipe de Conti estabelecera por vingança. Os especuladores mais argutos supuseram, com razão, que os preços não poderiam continuar a subir para sempre. Em silêncio, dois renomados investidores, Bourdon e La Richardière, converteram suas notas em espécie, em pequenas quantidades de cada vez, e enviaram ao exterior. Também compraram e enviaram secretamente à Inglaterra ou à Holanda o máximo de prataria e joias que conseguiram carregar. Sentindo o cheiro da tempestade vindoura, um especulador, Vermalet, obteve quase 1 milhão de libras em ouro e prata, embrulhou-os num carrinho de mão e cobriu-o com feno e esterco. Depois se vestiu com os trajes sujos de camponês e levou a preciosa carga à Bélgica, de onde logo encontrou meios de transportá-la para Amsterdã.

Até então nenhuma classe havia experimentado dificuldades em obter dinheiro em espécie para as próprias necessidades. Mas esse sistema não podia vigorar por muito tempo sem causar escassez. Ouviu-se a voz da queixa em toda parte, e, instituídas as investigações, a causa foi logo descoberta. O conselho debateu muito sobre os remédios a adotar, e Law, chamado a dar seu parecer, foi da opinião de que se deveria publicar um édito depreciando em 5% o valor da moeda em relação ao papel. O édito foi publicado; mas, não alcançando o efeito pretendido, foi seguido por outro em que a depreciação foi aumentada para 10%. Ao mesmo tempo, os pagamentos do banco foram limitados a 100 libras em ouro e 10 libras em prata. Todas essas medidas tiveram efeito irrisório para restaurar a confiança no papel, embora a restrição de pagamentos em dinheiro a limites tão estreitos tenha mantido o crédito do banco.

Não obstante todos os esforços em sentido contrário, os metais preciosos continuaram a ser transportados para a Inglaterra e a Holanda. A pequena quantidade de moeda que restou no país foi cuidadosamente armazenada ou escondida, mas a escassez se tornou tão grande que as operações de comércio já não podiam prosseguir. Nessa emergência, Law arriscou o ousado experimento de banir o uso de dinheiro em espécie. Em fevereiro de 1720, foi publicado um édito que, em vez de restaurar o crédito do papel, como era a intenção, destruiu-o irrecuperavelmente, e levou o país às portas da revolução. De acordo com esse famoso édito proibia-se que qualquer pessoa tivesse mais de 500 libras de moeda em sua posse, sob pena de pesadas multas e confisco das somas encontradas. Também se proibiu a compra de joias, prataria e pedras preciosas, e encorajaram-se informantes a procurar por infratores, sob a promessa de receberem a metade da quantidade que encontrassem. Todo o país emitiu um grito de angústia diante dessa tirania inaudita. A mais odiosa repressão ocorria diariamente. A privacidade das famílias foi violada por informantes e seus agentes. Empregados traíram seus patrões, cada cidadão tornou-se espião do vizinho, e as prisões e os confiscos multiplicaram-se tanto que os tribunais tiveram dificuldade de lidar com o imenso aumento de tarefas ocasionado. Bastava que um informante dissesse suspeitar que alguém escondia dinheiro em casa para que imediatamente se concedesse um mandado de busca. Despejou-se sobre o regente e o infeliz Law todo epíteto que o ódio popular podia sugerir. A moeda, em qualquer quantia acima de 500 libras, era uma mercadoria ilegal, e ninguém aceitava papel se pudesse evitar. Ninguém sabia hoje quanto suas notas valeriam amanhã.

Numa monarquia constitucional, meios mais seguros de restaurar o crédito público teriam sido encontrados. Na Inglaterra, em um período subsequente, quando ilusão similar causou perturbação similar, as medidas adotadas para reparar o mal foram muito diferentes; mas na França, infelizmente, o remédio foi deixado aos autores do mal. A vontade arbitrária do regente, que se empenhava para limpar o país, apenas o afundou mais na lama. Ordenou-se que todos os pagamentos fossem feitos em papel, e entre 1º de fevereiro e o final de maio, fabricou-se mais 1,5 bilhão de libras em notas. Mas uma vez que o alarme soara, arte nenhuma podia fazer com que o povo tivesse a menor confiança num papel-moeda que não podia ser convertido em metal. M. Lambert, o presidente do parlamento de Paris, disse na cara do regente que preferia ter 100 mil libras em ouro ou prata do que 5 milhões em notas do banco dele. Como esse era o sentimento geral, a emissão abundante de papel-moeda não fez senão aumentar o mal, tornando ainda mais enorme a disparidade entre a quantidade de espécie e a de notas em circulação. A moeda, que o regente tinha por objetivo depreciar, aumentava de valor a cada nova tentativa de diminuí-lo. Em fevereiro, julgou-se aconselhável incorporar o Banco Real à Companhia das Índias. Um édito com esse efeito foi publicado e registrado pelo parlamento. O Estado continuou a garantir as notas do banco, e proibiram-se novas emissões de moeda sem ordem do conselho. Todos os lucros do banco, desde o momento em que foi tirado das mãos de Law e transformado em instituição nacional, foram repassados pelo regente à Companhia das

Índias. A medida teve o efeito de elevar por um curto período o valor da Mississípi e de outras ações da companhia, mas fracassou em garantir qualquer base permanente para o crédito público.

Realizou-se no começo de maio um conselho de Estado no qual estiveram presentes Law, D'Argenson (seu colega na administração das finanças) e todos os outros ministros. Computou-se então que a quantidade total de notas em circulação era de 2,6 bilhões de libras, enquanto a moeda no país não chegava à metade dessa soma. Era evidente para a maioria dos membros do conselho que era preciso adotar algum plano para uniformizar a moeda corrente. Alguns propuseram que as notas fossem reduzidas ao valor da espécie, e outros, que o valor nominal da espécie fosse elevado até ser igual ao do papel. Afirma-se que Law se opôs a ambas as medidas, mas, como não sugeriu nenhuma outra, concordou-se que as notas fossem depreciadas à metade. Assim, no dia 21 de maio foi publicado um édito pelo qual se decretava que as ações da Companhia das Índias e as notas do banco deveriam diminuir gradativamente de valor até que ao final de um ano valeriam metade de seu valor nominal. O parlamento recusou-se a registrar o édito — excitou-se o maior dos clamores, e a situação do país se tornou tão alarmante, que, como meio único de manter a tranquilidade, o conselho da regência foi obrigado a anular as próprias medidas, publicando em sete dias outro édito restaurando às notas seu valor original.

No mesmo dia, 27 de maio, o banco interrompeu os pagamentos em espécie. Tanto Law quanto D'Argenson foram demitidos do ministério. Fraco, vacilante e covarde, o regente lançou a culpa de todo o mal em Law, que, ao apresentar-se no Palais Royal, teve a admissão negada. Ao cair da noite, porém, ele foi levado e admitido ao palácio por uma porta secreta, ocasião em que o regente se empenhou em consolá-lo e pediu todas as desculpas pela severidade com que fora compelido a tratá-lo em público. Sua conduta era tão dada a caprichos que, dois dias mais tarde, ele levou Law publicamente à ópera, onde ambos se sentaram no camarote real, e o regente o tratou com marcada consideração diante de todo o povo. Mas o ódio a Law era tal que o experimento se mostrou quase fatal a ele. A turba atacou sua carruagem com pedras quando ele entrava pela porta de casa; e se o cocheiro não tivesse feito um arranco súbito em direção ao pátio e os empregados não houvessem fechado o portão imediatamente, ele teria, com toda a probabilidade, sido puxado e rasgado em pedaços. No dia seguinte, sua mulher e sua filha também foram atacadas ao retornar das corridas. Quando o regente foi informado dessas ocorrências, enviou a Law um forte destacamento de guardas suíços, que ficaram estacionados dia e noite no pátio de sua residência. A indignação pública aumentou tanto que Law, por fim, achando sua própria casa insegura, mesmo com a guarda, refugiou-se no Palais Royal, nos apartamentos do regente.

D'Aguesseau, o chanceler que fora demitido em 1718 por sua oposição aos projetos de Law, agora foi chamado de volta para ajudar na restauração do crédito. O regente reconheceu, tarde demais, que tratara com dureza e desconfiança injustificáveis um dos homens públicos mais competentes, e talvez o único honesto, daquele período corrupto. Desde a sua desgraça, o ex-chanceler se retirara para a sua casa de campo em Fresnes, onde, em meio a severos mas deliciosos estudos filosóficos, esquecera as intrigas de uma corte indigna. Law em pessoa, acompanhado de um cavalheiro da família do regente, foi despachado com ordens de trazer o ex-chanceler para Paris. D'Aguesseau consentiu em prestar toda assistência que pudesse, contrariando os conselhos de seus amigos, que desaprovavam sua participação numa administração da qual Law participava. Na sua chegada a Paris, cinco conselheiros do parlamento foram admitidos em conferência com o comissário de Finanças; e no dia 1º de junho publicou-se uma ordem abolindo a lei que tornava criminoso acumular moeda em quantia maior que 500 libras. Permitia-se a todos ter a quantidade de moeda que desejassem. Para que as notas bancárias fossem recolhidas, 25 milhões de novas notas foram criadas, garantidas pelas receitas da cidade de Paris, a 2,5%. As notas recolhidas foram queimadas publicamente em frente ao Hôtel de Ville. As novas notas tinham, em sua maioria, o valor de 10 libras cada; e no dia 10 de junho o banco foi reaberto, com moeda em prata suficiente para dar em troca das notas.

Essas medidas produziram vantagens consideráveis. Toda a população de Paris correu ao banco para trocar suas pequenas notas por prata; tornando-se a prata escassa, pagou-se em cobre. As multidões ao

LOUCURAS FINANCEIRAS

redor do banco eram tão enormes que dificilmente se passava um dia sem que alguém fosse pressionado até a morte. No dia 9 de julho, a multidão era tão densa e clamorosa que os guardas postados na entrada dos Jardins Mazarin fecharam o portão e recusaram-se a admitir outras pessoas. A turba encolerizou-se e jogou pedras nos soldados, que, encolerizados também, ameaçaram abrir fogo contra a multidão. Nesse instante, um deles foi atingido por uma pedra e, pegando sua arma, alvejou o povo. Um homem caiu morto na hora e outro ficou gravemente ferido. Esperava-se a todo momento que um ataque geral se lançasse sobre o banco; mas quando os portões dos Jardins Mazarin se abriram à multidão, esta, vendo uma tropa inteira de soldados, com baionetas preparadas, pronta para recebê-la, contentou-se em dar expressão à sua indignação com gemidos e silvos.

Muito se dependia do crédito da Companhia das Índias, que deveria responder à nação por uma enorme soma. Sugeriu-se, portanto, no conselho de ministros, que quaisquer privilégios que lhe pudessem ser concedidos para que ela cumprisse seus compromissos produziriam os melhores resultados. Com esse fim em vista, foi proposto que o privilégio exclusivo de todo o comércio marítimo lhe devia ser assegurado, e publicou-se um édito com esse efeito. Mas infelizmente se esqueceu de que tal medida arruinaria todos os mercadores do país. A nação, de modo geral, escarneceu da ideia de um privilégio tão imenso, e petições e mais petições foram apresentadas ao parlamento pedindo que este se recusasse a registrar o decreto. A casa de fato recusou-se a fazê-lo, e o regente, observando que haviam feito nada menos que atiçar a chama da sedição, baniu seus membros para Blois. Sob intercessão de D'Aguesseau, o local de exílio foi mudado para Pontoise, e lá os parlamentares se restabeleceram, determinados a desafiar o regente. Eles fizeram todos os arranjos para tornar o exílio temporário o mais agradável possível. O presidente dava os mais elegantes jantares, para os quais convidava os mais alegres e espirituosos convivas de Paris. Todas as noites havia um concerto e um baile para as damas. Os juízes e parlamentares usualmente sérios e solenes jogavam cartas e dedicavam-se a outras diversões, levando por várias semanas uma vida com os prazeres mais extravagantes, para mostrar ao regente que estavam muito bem no exílio, e que, se quisessem, podiam tornar Pontoise uma residência mais agradável que Paris.

Os 25 milhões garantidos pelas receitas municipais da cidade de Paris, com o baixíssimo juro de 2,5%, não foram muito populares entre os grandes acionistas da Companhia do Mississípi. A conversão dos títulos era, portanto, tarefa de considerável dificuldade; pois muitos prefeririam conservar os papéis em queda da companhia de Law, com a esperança de que pudesse ocorrer uma virada favorável. No dia 15 de agosto, com o objetivo de apressar a conversão, aprovou-se um édito declarando que todas as notas das somas entre mil e 10 mil libras deixariam de valer, exceto para a compra de anuidades e contas bancárias, ou para o pagamento de parcelas ainda devidas de títulos da companhia.

Em outubro do mesmo ano, aprovou-se outro édito, privando essas notas de todo o valor depois de novembro. A cunhagem de moeda, o recolhimento de receitas e todas as outras vantagens e privilégios da Companhia das Índias, ou do Mississípi, foram-lhe tirados, e elas foram reduzidas a simples empresas privadas. Este foi o tiro de misericórdia em todo o sistema, que agora se achava sob controle de seus inimigos. Law perdera toda influência no Conselho de Finanças, e a companhia, sendo despojada de suas imunidades, já não podia sustentar a sombra de um prospecto de ser capaz de honrar seus compromissos. Todos aqueles suspeitos de lucros ilegais na época em que a ilusão pública estava no ápice foram processados e punidos com pesadas multas. Ordenou-se previamente a composição de uma lista de proprietários originais, e que as pessoas que ainda retivessem suas ações as colocassem em depósito na companhia, e que aqueles que haviam negligenciado completar as ações as quais tinham subscrito deveriam agora comprá-las da companhia, à taxa de 13.500 libras por ação de 500 libras. Em vez de submeter-se a pagar essa enorme soma por ações que em verdade estavam desvalorizadas, os acionistas arrumaram os bens que podiam carregar e empenharam-se em encontrar refúgio em países estrangeiros. Imediatamente emitiram-se ordens às autoridades de portos e fronteiras para apreender todos os viajantes que tentassem deixar o país e mantê-los sob custódia até que se apurasse se tinham prataria ou joias consigo e se estavam envolvidos no último golpe

LOUCURAS FINANCEIRAS

especulativo. Contra os poucos que escaparam, a punição de morte foi observada, enquanto os procedimentos mais arbitrários foram instituídos contra aqueles que ficaram.

O próprio Law, em um momento de desespero, decidiu deixar o país onde sua vida já não estava segura. De início, ele solicitou apenas permissão para retirar-se de Paris e ir a uma de suas residências no campo, permissão essa que o regente concedeu alegremente. Este foi muito afetado pela direção infeliz que os eventos tinham tomado, mas sua fé na veracidade e eficácia do sistema financeiro de Law permaneceu inabalada. Ele abriu os olhos para os próprios erros; e durante os poucos anos restantes de sua vida, sempre ansiou por uma oportunidade de implementar o sistema mais uma vez sobre bases mais sólidas. No último encontro de Law com o soberano, afirma-se que ele teria dito: "Eu confesso que cometi muitas falhas; eu as cometi porque sou homem, e todos os homens estão sujeitos a errar; mas lhe declaro com a maior solenidade que nenhum deles procedeu de motivações torpes ou desonestas, e que nada desse tipo pode ser encontrado em todo o curso da minha conduta".

Dois ou três dias depois de sua partida, o regente lhe enviou uma carta muito gentil, permitindo-lhe deixar o reino quando bem entendesse, e afirmando que mandara deixar seus passaportes preparados. Ao mesmo tempo, ofereceu-lhe qualquer soma de dinheiro de que pudesse precisar. Law recusou respeitosamente o dinheiro, e partiu para Bruxelas em uma carruagem pertencente a madame de Prie, a amante do duque de Bourbon, escoltado por seis guardas a cavalo. De lá ele seguiu para Veneza, onde permaneceu por alguns meses, objeto da maior das curiosidades por parte do povo, que acreditava ser ele possuidor de enorme riqueza. Opinião nenhuma, porém, podia estar mais errada. Com mais generosidade do que seria de se esperar de um homem que durante a maior parte de sua vida fora um jogador professo, ele se recusara a enriquecer à custa de uma nação arruinada. Durante o cume do frenesi popular com as ações da Companhia do Mississípi, Law nunca duvidara do sucesso final do seu projeto de tornar a França a nação mais rica e mais poderosa da Europa. Tanto é assim que investiu todos os seus ganhos na compra de propriedades imobiliárias na França

A HISTÓRIA DAS ILUSÕES E LOUCURAS DAS MASSAS

— prova segura de que acreditava na estabilidade de seus esquemas. Ele não acumulara prataria nem joias, nem mandara, como os especuladores desonestos, dinheiro a países estrangeiros. Tudo o que possuía, com a exceção de um diamante, que valia cerca de 5 mil ou 6 mil libras esterlinas, foi investido em solo francês; e quando deixou o país, deixou-o quase como um mendigo. Só esse fato basta para resgatar sua memória da acusação de canalhice, feita a ele com tanta frequência e tão injustamente.

Assim que se tomou conhecimento de sua partida, todas as suas propriedades e sua valiosa biblioteca foram confiscadas. Para completar, uma anuidade de 200 mil libras durante a vida de sua esposa e filhos, que ele comprara por 5 milhões de libras, foi cancelada, não obstante o fato de que um édito especial, elaborado para esse propósito nos dias de prosperidade, declarasse que esta jamais deveria ser cancelada por nenhum tipo de causa. O descontentamento das pessoas das quais Law conseguira escapar era grande. A turba e o parlamento o condenariam à forca com prazer. Os poucos que não haviam sofrido com a revolução comercial alegravam-se de que o *charlatão* tinha deixado o país; mas todos aqueles (e eles eram de longe a classe mais numerosa) cuja fortuna havia sido implicada lamentavam que seu conhecimento íntimo das dificuldades do país e das causas que levaram a elas não tivesse ficado mais disponível para a descoberta de um remédio.

Em uma reunião do Conselho de Finanças e do Conselho Geral de Regência se averiguou que a dívida nacional, no dia 1º de janeiro de 1721, somava mais de 3,1 bilhões de libras. Em seguida, apontou-se uma comissão para examinar todos os títulos dos credores do Estado, que seriam divididos em cinco classes — as quatro primeiras abrangendo aqueles que haviam comprado seus títulos com eficácia real, e a última com aqueles que não podiam provar que as transações em que tinham entrado eram reais e de boa-fé. Ordenou-se que os títulos destes últimos fossem destruídos, enquanto os das outras quatro classes passaram pelo mais rigoroso escrutínio. O resultado das atividades da comissão foi um relatório em que se aconselhava severa redução dos juros sobre esses títulos. A justificativa foi a descoberta de vários atos de peculato e extorsão; assim, um édito com esse efeito foi publicado e devidamente registrado pelos parlamentos do reino. Outro tribunal foi estabelecido mais tarde para investigar a má administração cometida nos departamentos financeiros do governo no infeliz período anterior. Numerosos atos de desonestidade foram descobertos e punidos com multa e prisão.

Quanto a Law, durante algum tempo ele teve a esperança de ser chamado de volta à França, para ajudar a estabelecer o crédito do país sobre bases mais firmes. A morte repentina do regente, em 1723, privou-o dessa esperança, reduzindo-o a voltar à vida de jogador de antes. Perseguido por credores em Roma, ele partiu para Copenhagen, de onde recebeu permissão do governo inglês para residir em sua terra nativa. Law permaneceu na Inglaterra por cerca de quatro anos, e então seguiu para Veneza, onde morreu em 1729, em circunstâncias bastante embaraçosas.

A BOLHA DA COMPANHIA DOS MARES DO SUL

A Companhia dos Mares do Sul foi criada pelo conde de Oxford no ano de 1711, com o objetivo de restaurar o crédito público da Inglaterra, que ia de mal a pior, e de pagar o débito flutuante de quase 10 milhões de libras esterlinas. Uma companhia de mercadores, na época sem nome, tomou para si esse débito, e o governo concordou em lhe assegurar, por certo período, juros de 6%. Para pagar esses juros, de 600 mil libras por ano, as taxas sobre vinhos, vinagre, bens indianos e alguns outros artigos tornaram-se permanentes. O monopólio do comércio para os Mares do Sul foi concedido, e a companhia, constituída por ata do parlamento, assumiu o título pelo qual é conhecida desde então.

Já nesse período inicial da história da companhia, tanto aqueles que a compunham quanto o público tinham as ideias mais quiméricas das imensas riquezas da costa ocidental da América do Sul. Todos haviam ouvido falar das minas de ouro e prata do Peru e do México; e todos acreditavam-nas inexauríveis, sendo necessário apenas enviar manufaturas da Inglaterra para a costa para receber em troca dos nativos cem vezes mais em lingotes de ouro e prata. Um relatório diligentemente difundido de que a Espanha estava disposta a conceder quatro portos, nas costas do Chile e do Peru, para os propósitos de tráfico aumentou a confiança geral, e por muitos anos as ações da Mares do Sul ficaram em alta.

Felipe V, da Espanha, porém, jamais teve nenhuma intenção de conceder aos ingleses um livre comércio nos portos da América Espanhola. Iniciaram-se negociações, mas seu único resultado foi o contrato de *assiento*, ou o privilégio de fornecer escravos negros às colônias por trinta anos e de mandar uma vez por ano uma embarcação, limitada tanto na tonelagem quanto no valor da carga, para negociar com o México, o Peru ou o Chile. Esta última permissão só foi concedida sob a dura condição de que o rei da Espanha recebesse um quarto dos lucros e uma taxa de 5% sobre o restante. Mas a confiança pública na Mares do Sul não se abalou. O conde de Oxford declarou que a Espanha permitiria que, além do anual, mais dois navios carregassem produtos durante o primeiro ano; e publicou-se uma lista na qual se anunciou pomposamente que todos os portos e ancoragens dessas costas estavam abertos ao comércio com a Grã-Bretanha. A primeira viagem do navio anual só aconteceu em 1717, e no ano seguinte o comércio foi interrompido pela ruptura com a Espanha.

O discurso do rei na abertura da sessão parlamentar de 1717 fez alusão direta ao estado do crédito público, e recomendou que medidas apropriadas fossem adotadas para reduzir a dívida nacional. As duas grandes corporações monetárias, a Companhia dos Mares do Sul e o Banco da Inglaterra, apresentaram propostas ao parlamento no 20 de março seguinte. A Mares do Sul pregou que seu capital social de 10 milhões poderia ser aumentado para 12 milhões, por subscrição ou outros meios, e ofereceu-se para aceitar 5% em vez de 6% sobre a quantia total. O banco fez propostas igualmente vantajosas. A Câmara dos Comuns debateu por algum tempo e, finalmente, aprovou três atos, ou leis, chamados o Ato da Mares da Sul, o Ato do Banco, e o Ato do Fundo Geral. De acordo com o primeiro destes, as propostas da Companhia dos Mares da Sul foram aceitas, e esta se prontificou a adiantar a soma de 2 milhões para quitar o principal e os juros da quantia devida pelo Estado pelos quatro fundos de loteria do nono e décimo anos da rainha Ana. De acordo com o segundo ato, o banco recebeu taxa de juros

LOUCURAS FINANCEIRAS

O "cantor noturno de ações" vendeu ações nas ruas durante a bolha da Companhia dos Mares do Sul. Amsterdã, 1720.

menor pela soma de 1.775.027 libras que lhe era devida pelo Estado, e concordou em devolver para que fosse cancelado o número necessário de contas do erário público para que chegasse a 2 milhões de libras, e a aceitar a uma anuidade de 100 mil libras, à taxa de 5%, o todo resgatável com um ano de aviso. Também se exigiu que o banco estivesse pronto a adiantar, em caso de necessidade, soma não excedente a 2,5 milhões de libras com os mesmos termos de juros de 5%, resgatável pelo parlamento. O Ato do Fundo Geral recitou as várias deficiências que seriam corrigidas mediante o auxílio das fontes anteriores.

O nome da Companhia dos Mares da Sul estava, assim, continuamente diante do público. Embora o comércio da companhia com os estados sul-americanos produzisse pouco ou nenhum aumento de seus lucros, ela continuava a prosperar como corporação monetária. Havia alta demanda pelas ações da companhia, e seus diretores, insuflados pelo sucesso, começaram a pensar em novos meios de ampliar sua influência. O esquema do Mississípi de John Law, que tanto deslumbrou e cativou o povo francês, inspirou-lhes a ideia de que poderiam jogar o mesmo jogo na Inglaterra. O fracasso dos planos de Law não bastou para dissuadi-los da intenção. Considerando-se prudentes, imaginaram que poderiam evitar as falhas cometidas pelo escocês, prosseguir com as tramas para sempre e esticar a corda do crédito até o máximo de tensão possível sem fazê-la arrebentar.

Enquanto o plano de Law estava no máximo da popularidade, enquanto as pessoas se amontoavam aos milhares pela Rue Quincampoix, arruinando-se com entusiasmo frenético, os diretores da Mares da Sul apresentaram ao parlamento o plano para quitar a dívida nacional. Visões de riquezas infinitas flutuavam diante dos olhos fascinados do povo nos dois mais célebres países da Europa. Os ingleses deram início à sua carreira de extravagância depois dos franceses; mas assim que o delírio se apossou deles, tornaram-se determinados a não ficar para trás. No dia 22 de janeiro de 1720, a Câmara dos Comuns passou a analisar aquela parte do discurso do rei que dizia respeito à dívida pública e a proposta da Companhia dos Mares da Sul para diminuí-la.

A proposta foi recebida com grande favor; mas o Banco da Inglaterra tinha muitos amigos na Câmara dos Comuns, os quais desejavam que essa empresa usufruísse das vantagens que provavelmente se seguiriam. Em nome dele, argumentou-se que havia prestado serviços grandes e eminentes ao Estado nos tempos mais difíceis e, se alguma vantagem se pudesse obter com barganhas públicas dessa natureza, ele merecia, no mínimo, ter preferência a uma companhia que jamais fizera nada pela nação. Considerações ulteriores do tema foram, por consequência, adiadas por cinco dias. No meio-tempo, um plano foi esboçado pelos diretores do banco. A Companhia dos Mares do Sul, temerosa de que o banco oferecesse termos ainda mais vantajosos para o governo que os seus, reconsiderou sua proposta anterior, fazendo nela algumas alterações que, esperavam, a tornariam mais aceitável. A principal mudança foi a estipulação de que o governo poderia amortizar essas dívidas ao final do prazo de quatro anos, em vez de sete, como de início se sugeriu. O banco decidiu não perder esse singular leilão, de modo que os diretores também reconsideraram sua proposta inicial e mandaram uma nova. Depois de deliberações, decidiu-se, no dia 2 de fevereiro, que as propostas da Companhia do Mares do Sul eram mais vantajosas para o país.

LOUCURAS FINANCEIRAS

Enquanto se discutiam os vários estágios do projeto de lei, as ações da companhia subiram com a mais espantosa rapidez. Robert Walpole foi praticamente o único membro da Casa a falar fortemente contra o projeto. Em linguagem eloquente e solene, ele advertiu seus pares dos males que adviriam. Segundo Walpole, a lei: "[encoraja] a perigosa prática da especulação, e desviará o gênio da nação do comércio e da indústria. Oferecerá um perigoso ardil para ludibriar os incautos a arruinarem-se, ao fazê-los entregar os ganhos de seu trabalho em troca do prospecto da riqueza imaginária. O grande princípio do projeto é um mal de primeira magnitude; é elevar artificialmente o valor das ações, excitando e mantendo o fascínio geral e prometendo dividendos de fundos que jamais poderão provê-los". Com espírito profético, ele acrescentou que, se o plano desse certo, os diretores se tornariam os senhores do governo, formariam uma nova e absoluta aristocracia no reino e controlariam as resoluções da legislatura. Se falhasse, o que ele estava convencido de que aconteceria, o resultado traria descontentamento geral e a ruína do país. A desilusão seria tal que, quando o dia maléfico chegasse, como certamente chegaria, as pessoas teriam um estalo, como que despertas de um sonho, e se perguntariam se essas coisas poderiam ser verdade. Toda sua eloquência foi em vão. Ele foi considerado um falso profeta, rouco de tanto prever tragédias imaginárias. Seus amigos, porém, compararam-no a Cassandra*, prevendo males nos quais os outros só acreditavam quando diante eles. Embora em épocas anteriores a câmara tivesse ouvido com o máximo de atenção cada palavra que vinha de seus lábios, os bancos se tornavam desertos quando se sabia que Walpole falaria sobre a questão da Mares do Sul.

Durante os dois meses em que o projeto de lei esteve em tramitação, os diretores da companhia e seus amigos fizeram de tudo para que o preço das ações subisse. Circularam os mais extravagantes rumores. Falou-se de tratados entre a Inglaterra e a Espanha mediante os quais a Espanha garantiria livre comércio com todas as suas colônias; e a rica

---

* Cassandra é uma figura da mitologia grega que foi punida com a maldição de ser capaz de prever todas as catástrofes vindouras sem que ninguém acreditasse nela. (N. do T.)

produção das minas de Potosi seria trazida à Inglaterra até que a prata se tornasse quase tão abundante quanto o ferro. Em troca de algodão e lã, que a Inglaterra podia fornecer em abundância, os habitantes do México esvaziariam suas minas de ouro. Por fim, as ações foram elevadas por esses meios para quase 400; mas, depois de flutuar um bocado, estabilizaram-se em 330, preço em que permaneceram quando o projeto de lei foi aprovado.

Na Câmara dos Lordes, o projeto tramitou com grande rapidez e foi aprovado no dia 7 de abril. Embora vários de seus membros tenham discursado contra a tramoia, seus clamores caíram em ouvidos moucos, pois o furor especulativo se apossou dos nobres tanto quanto dos plebeus. Lorde North and Grey afirmou que o projeto tinha natureza injusta e consequências que poderiam provar-se fatais, sendo calculado para enriquecer poucos à custa de muitos, e o conde Cowper comparou-o ao famoso Cavalo de Troia — como ele, o projeto foi recebido com grandes pompas e aclamações, mas trazia em si traição e destruição. Não adiantou: o projeto foi aprovado e, no mesmo dia, recebeu sanção real, tornando-se lei.

Parecia, à época, que todos na nação haviam se convertido em especuladores. As ruas do centro financeiro de Londres se tornaram intransitáveis, pois todos vinham comprar ações. Nas palavras de uma cantiga publicada na época e cantada pelas ruas, "todo idiota aspirava a ser um patife". A sede desordenada de ganhos que afligira todos os estratos da sociedade nem sequer se saciava com a Mares do Sul. Outras tramoias, mais extravagantes, foram iniciadas. As listas de acionistas rapidamente enchiam, enquanto, é claro, todos os meios para elevar os papéis a preços artificiais no mercado eram utilizados.

Contra todas as expectativas, as ações da Mares do Sul caíram quando o projeto de lei recebeu sanção real. Mas como os diretores da companhia já haviam sentido o gosto dos lucros da tramoia, não era provável que permitissem discretamente que as ações alcançassem o nível natural sem fazer esforço para elevá-las. Os rumores começaram a circular; um deles, propagado como verdade absoluta, teve efeito imediato sobre as ações. Dizia-se que o governo espanhol aceitara trocar alguns lugares da costa do Peru por Gibraltar e Maó, de modo que a Companhia dos Mares do Sul poderia enviar a eles quantos navios desejasse sem ter de pagar nenhuma porcentagem ao rei da Espanha.

Visões de lingotes dançaram diante de seus olhos, e o preço das ações subiu rapidamente. Em 12 de abril, cinco dias depois de o projeto se tornar lei, os diretores abriram os livros da companhia para a subscrição de 1 milhão, à taxa de 300 libras por cada 100 de capital. Tal foi o concurso de pessoas de todas as classes que a primeira subscrição chegou a 2 milhões da cota original. Ela deveria ser paga em cinco parcelas de 60 libras cada um por cada 100 libras. Em poucos dias, o preço da ação avançou a 340, e as subscrições foram vendidas pelo dobro do preço do primeiro pagamento. Para que a ação subisse ainda mais, declarou-se no dia 21 de abril, em uma reunião geral dos diretores, que os dividendos do meio do verão, nos quais todas as subscrições estariam intituladas, seriam de 10%. Como essas resoluções alcançaram o objetivo almejado, os diretores, para aumentar o fascínio dos homens de dinheiro, abriram seus livros para uma segunda subscrição de 1 milhão, a 400%. O entusiasmo frenético das pessoas de todas as classes para especular nesses fundos era tal que no curso de algumas horas houve nada menos que 1,5 milhão de subscrições.

No meio-tempo, inumeráveis sociedades anônimas foram criadas em toda parte. Elas logo receberam o nome de bolhas, o mais apropriado que a imaginação podia conceber. Algumas duravam uma semana, ou uma quinzena, e nunca mais se ouvia falar delas, ao passo que outras não chegavam a viver nem isso. Toda noite produzia novos esquemas, e toda manhã, novos projetos. Os mais nobres aristocratas empenhavam-se nessa calorosa busca de ganhos tanto quanto o mais laborioso especulador. O príncipe de Gales tornou-se presidente de uma companhia, e conta-se que tirou 40 mil libras com suas especulações. Houve quase uma centena de projetos diferentes, cada um deles mais extravagante e enganador que o outro. Para usar as palavras de um jornal, eles foram "erigidos e promovidos por canalhas habilidosos, depois perseguidos por multidões de tolos gananciosos, e por fim revelaram-se, com efeito, aquilo que a denominação vulgar os designou — bolhas e fraudes puras e simples". Calculou-se o ganho e a perda de cerca de 1,5 milhão de libras por meio dessas práticas injustificáveis, para o empobrecimento de muitos tolos e o enriquecimento de inúmeros vigaristas.

Um dos projetos pretendia criar uma roda de movimento perpétuo — capital, 1 milhão; outro, "encorajar a criação de cavalos na Inglaterra e melhorar as terras da Igreja e reparar e reconstruir as casas dos párocos e vigários". As subscrições nessa companhia foram rápidas. Mas o mais absurdo e insensato de todos, e que mostra, melhor do que qualquer outro, a absoluta demência do povo, foi aquele iniciado por um aventureiro desconhecido, intitulado "Uma companhia para desenvolver uma empresa de grande vantagem, mas que ninguém saberá qual é". Não fosse o fato atestado por dúzias de testemunhas confiáveis, seria impossível crer que qualquer pessoa pudesse ser ludibriada por um projeto semelhante. O gênio que empreendeu essa incursão ousada e exitosa sobre a credulidade pública simplesmente afirmou em seus prospectos que o capital requerido era meio milhão, em 5 mil quotas de 100 libras cada uma por ano por cota, depósito de 2 libras por cota. Cada subscritor, pagando seu depósito, estaria apto a receber 100 libras por ano por cota. Como se obteria esse imenso lucro ele não se dignou a informar à época, mas prometeu que em um mês todos os detalhes seriam devidamente fornecidos, bem como seria feita a cobrança das 98 libras restantes da subscrição. Na manhã seguinte, às 9h, multidões cercaram a porta do escritório que esse grande homem abriu. Ao fechar, às 15h, ele constatou que haviam sido subscritas não menos que mil cotas, com o adiantamento pago. Assim, em cinco horas, ele ganhou 2 mil libras. Filósofo o bastante para se contentar com esses ganhos, ele saiu do país na mesma noite, e nunca mais foi visto.

Pessoas de distinção, de ambos os sexos, engajaram-se profundamente em todas essas bolhas. Não é que acreditassem na viabilidade dos esquemas em que se envolviam; era suficiente para seus propósitos que as ações, por meio das artes especulativas, logo subissem de preço, momento em que as vendiam com celeridade para os verdadeiros crédulos. Homens sensatos contemplavam a extraordinária fantasia da massa com tristeza e alarme. Houve quem, tanto dentro quanto fora do parlamento, previsse claramente a ruína que estava por vir. Assim, no dia 11 de junho, o rei publicou uma proclamação declarando todos esses projetos ilegais

LOUCURAS FINANCEIRAS

uma perturbação da ordem pública e proibindo-os, com a pena de 500 libras para aqueles que vendessem ou comprassem ações deles. Apesar disso, especuladores malandros continuaram com seus projetos, e o povo iludido continuou a encorajá-los. No dia 12 de julho, publicou-se uma ordem rejeitando todos os pedidos que haviam sido feitos de cartas e patentes e dissolvendo todas as companhias de bolhas.

É preciso, porém, retornar ao grande fosso da Mares do Sul, que engoliu a fortuna de tantos crédulos e gananciosos. No dia 29 de maio, as ações chegaram a 500, e cerca de dois terços dos beneficiários do governo haviam trocado os títulos do Estado pelos da Mares do Sul. Pouco depois, o preço das ações deu um salto prodigioso, chegando repentinamente a 890. Agora a opinião generalizada era de que o preço das ações não podia subir mais, e muitos aproveitaram a oportunidade para vender, com o objetivo de receber os lucros. No dia 3 de junho havia tantas pessoas dispostas a vender e tão poucas dispostas a comprar que as ações caíram de uma vez a 640. Os diretores ficaram alarmados e deram a seus agentes ordens para comprar. Os esforços foram bem-sucedidos. Ao cair da noite, a confiança havia sido restaurada, e o preço foi a 720, onde permaneceu, com leves flutuações, até a companhia fechar seus livros, no dia 22 de junho.

Seria desnecessário e desinteressante detalhar os vários estratagemas empregados pelos diretores para manter o preço das ações elevado. Será suficiente contar que ele finalmente chegou a 1.000% no início de agosto. A bolha estava pronta, e começou a tremer e balançar, prestes a explodir.

Muitos dos beneficiários do governo expressaram insatisfação contra os diretores, ainda mais porque era de conhecimento geral que sir John Blunt, o presidente, e alguns outros tinham vendido. Durante todo o mês de agosto as ações caíram, e no dia 2 de setembro valiam apenas 700.

Agora o estado de coisas se tornara alarmante. Para evitar, se possível, a extinção completa da confiança pública em seus procedimentos, os diretores convocaram uma reunião geral de toda a corporação para o dia 8 de setembro. Várias resoluções foram aprovadas nesse encontro, mas não tiveram efeito algum sobre o público. Na mesma noite, as ações caíram a 640 e de manhã, a 540. A queda continuou dia após dia, até chegar a 400.

O governo ficou gravemente alarmado com o estado de coisas. Os diretores não podiam sair às ruas sem ser insultados; protestos perigosos eram interrompidos a todo momento. Enviaram-se despachos ao rei, que estava em Hanover, pedindo seu retorno imediato. Walpole, que se achava em sua casa de campo, foi chamado para empregar sua conhecida influência sobre os diretores do Banco da Inglaterra para induzi-los a aceitar uma proposta feita pela Mares do Sul para circular alguns de seus títulos.

O banco não mostrou a menor disposição de envolver-se nos problemas da companhia; tinha pavor de ser envolvido em calamidades que não era capaz de aliviar, e recebeu todas as investidas com visível relutância. Mas a voz universal da nação convocou-o a resgatá-la. Toda pessoa de destaque na política comercial foi convocada a dar sugestões para tratar da emergência. O rascunho bruto de um contrato delineado por Walpole foi finalmente adotado como base para negociações ulteriores, e o alarme público abateu-se um pouco.

No dia seguinte, 20 de setembro, houve uma reunião geral da Companhia dos Mares do Sul, na qual se aprovaram resoluções que autorizavam os diretores a entrar em acordo com o Banco da Inglaterra para pôr em circulação títulos da companhia e a fazer com o banco qualquer outro acordo que julgassem propício. O mais extraordinário pânico se apossou do povo. Homens corriam para lá e para cá alarmados de terror, com a imaginação cheia de alguma grande calamidade cuja forma e dimensão ninguém conhecia.

Dois dias depois, houve uma reunião geral do Banco da Inglaterra, que deu a seus diretores o poder de entrar em acordo com os da Mares do Sul para pôr em circulação os títulos da companhia nos termos e pelo tempo que julgassem apropriado.

Assim, as duas partes tinham liberdade de agir como julgassem melhor para o interesse público. Os livros foram abertos no banco para a subscrição de 3 milhões para financiar o crédito público, nas condições usuais de depósito de 15 libras, ágio de 3 libras e juros de 5 libras. Foi tão grande o concurso de pessoas no início da manhã, todas trazendo o próprio dinheiro com entusiasmo, que se acreditou que a subscrição seria preenchida naquele mesmo dia; mas antes do meio-dia, a maré virou. Apesar de tudo o que poderia ter sido feito para impedir que acontecesse, as ações da Mares do Sul caíram rapidamente. Os papéis estavam em tamanho descrédito que se iniciou uma correria aos mais eminentes ourives e banqueiros, alguns dos quais, tendo emprestado grandes somas em ações da Mares do Sul, foram obrigados a fechar as portas e escapulir. A companhia que fora, até então, a principal caixa da Mares do Sul interrompeu os pagamentos. Isso foi visto como apenas o início do mal, o que desencadeou uma grande corrida ao banco, agora obrigado a pagar os montantes com mais rapidez do que os havia recebido pelas subscrições naquela manhã. Como o dia seguinte foi feriado, o banco teve um breve momento para respirar. A instituição resistiu à tempestade, mas a sua ex-rival, a Mares do Sul, foi arruinada. Suas ações caíram para 150 e, paulatinamente, depois de várias flutuações, para 130.

O primeiro crash da bolsa de valores do mundo ocorrido há mais de 300 anos.

Ao constatar que não conseguiria restaurar a confiança pública nem deter a maré da ruína sem correr o risco de ser arrastado com aqueles que tentava salvar, o banco recusou-se a cumprir os termos com os quais concordara em parte. Não havia absolutamente nada que o obrigasse a cumpri-los, pois o chamado contrato do banco não era nada mais do que o rascunho bruto de um acordo em que haviam sido deixadas lacunas quanto a várias particularidades importantes, e que não continha penalidade nenhuma de rescisão. "Assim", para usar as palavras da História Parlamentar, "foram vistos, no período de oito meses, a ascensão, o progresso e a queda da poderosa estrutura que, alavancada por misteriosas molas a alturas espantosas, atraiu o olhar e a expectativa de toda a Europa, mas cujas bases — a fraude, a ilusão, a credulidade e o êxtase — caíram por terra assim que a gestão ardilosa de seus diretores foi descoberta".

No auge da calamidade, durante o curso dessa perigosa ilusão, os modos gerais da nação tornaram-se manifestamente corruptos. O inquérito parlamentar montado para investigar os delinquentes responsáveis descortinou episódios de infâmia vergonhosos tanto para a honra dos criminosos quanto para o intelecto das pessoas ao redor das quais eles haviam se destacado. Os males resultantes dessa aventura ensejam um estudo cuja investigação é de profícuo interesse. As nações, assim como os indivíduos, não podem impunemente se engajar em apostas desesperadas com a sorte. É certo que a punição os alcançará cedo ou tarde.

Durante os eventos que perfizeram essa famosa bolha, a Inglaterra encenou um espetáculo peculiar. A mentalidade geral funcionava em um estado de ebulição torpe. Os homens não mais se satisfaziam com os benefícios lentos, porém certos, de empreendimentos cautelosos. A promessa de riquezas ilimitadas no futuro tornou-os negligentes e extravagantes no presente. Uma opulência jamais vista antes nesses termos foi se enraizando na sociedade, trazendo consigo uma correspondente leniência para com os valores morais. A insolência presunçosa dos homens ignorantes que adquiriam uma súbita riqueza proveniente de apostas bem-sucedidas fez com que homens dotados de mente e modos de fato nobres corassem só de pensar que o ouro tinha o poder de erguer o que é indigno na escala social.

LOUCURAS FINANCEIRAS

A situação geral em todo o país era tão alarmante que George I encurtou sua estada em Hanover e voltou às pressas para a Inglaterra. Ele chegou no dia 11 de novembro, e uma sessão parlamentar foi convocada para 8 de dezembro. Nesse ínterim, realizaram-se em todas as cidades importantes do país reuniões públicas nas quais se acolhiam petições pregando a vingança do Legislativo sobre os diretores da Mares do Sul, os quais, com suas práticas fraudulentas, tinham levado uma nação inteira à beira do abismo. Ninguém parecia crer que a nação em si era tão culpada quanto a Companhia dos Mares do Sul. Ninguém ousou apontar a credulidade e a avareza da população — a cobiça degradante das vantagens fáceis, que consumira toda qualidade nobre que constitui o caráter nacional —, nem o fascínio que encantou a multidão e a fez entrar de cabeça, no frenesi de seu entusiasmo, na rede que o ardil tinha preparado para ela. Essas coisas nunca foram mencionadas. O povo, que era simples, honesto, trabalhador, fora arruinado por uma gangue de saqueadores que deveria ser enforcada, arrastada e esquartejada sem misericórdia.

Essa foi a sensação quase unânime em todo o país. As duas câmaras do parlamento não foram mais razoáveis que o povo. Ainda antes que se estabelecesse a culpa dos diretores da Mares do Sul, a punição era o único clamor. Ao discursar do trono, o rei lembrou aos parlamentares que era necessário ter toda a prudência, calma e determinação para descobrir e aplicar o remédio adequado aos infortúnios do país. No debate sobre as medidas a adotar, vários oradores se entregaram às mais violentas invectivas contra os diretores do projeto da Mares do Sul. Walpole, mais moderado, recomendou que a primeira preocupação fosse restaurar o crédito público: "Se a cidade de Londres estivesse em chamas, todo homem sábio ajudaria a extinguir o fogo para impedir a propagação do incêndio antes que lhe ocorresse inquirir sobre os incendiários. O crédito público recebeu um golpe quase fatal e está sangrando; devemos aplicar um remédio rápido para aplacar o mal. Haverá tempo para punir o facínora posteriormente". No dia 9 de dezembro foi feita uma declaração em resposta ao discurso do soberano. Ficou acordado o acréscimo de palavras que expressassem a determinação da casa não somente de encontrar um remédio para as aflições nacionais, mas de punir os responsáveis por elas.

A investigação procedeu rapidamente. Ordenou-se aos diretores que apresentassem à câmara um relato completo de todos os seus procedimentos. Aprovaram-se resoluções de acordo com as quais a calamidade originou-se, sobretudo, das vis artimanhas dos especuladores, nada podendo favorecer mais o restabelecimento do crédito público do que uma lei para evitar que suas práticas infames fossem repetidas. A seguir, Walpole se levantou e questionou se a subscrição de dívidas e encargos públicos, as subscrições monetárias e demais contratos feitos com a Companhia dos Mares do Sul permaneceriam em vigor no estado em que se encontravam. A questão ocasionou um debate acalorado. Finalmente, acordou-se, por uma maioria de 259 contra 117, que todos os referidos contratos vigorariam no estado atual, a menos que fossem alterados para o alívio dos proprietários por um tribunal geral da Mares do Sul ou devidamente retificados por meio da lei. No dia seguinte, Walpole apresentou à câmara uma proposta de sua autoria para a restauração do crédito público que consistia, em substância, em enxertar 9 milhões de ações da Mares do Sul no Banco da Inglaterra, e a mesma quantia na Companhia das Índias Orientais, sob determinadas condições. O plano foi bem recebido pelo parlamento. Depois de algumas objeções, determinou-se que as duas grandes corporações entregassem propostas. A contragosto, elas estabeleceram os termos segundo os quais aceitariam circular os títulos da Mares do Sul, e o relatório foi apresentado ao comitê. Sob a superintendência de Walpole, foi elaborado um projeto de lei que passou com tranquilidade em ambas as câmaras do parlamento.

Concomitantemente, foi aprovada uma lei impedindo que diretores, governador, subgovernador, tesoureiro, caixa e demais funcionários da Mares do Sul deixassem o reino por doze meses; decidiu-se ainda fazer um levantamento dos bens deles de modo a impedir que fossem transportados ou alienados. Todos os membros mais influentes do parlamento apoiaram tal projeto. Por fim, foi nomeado um comitê secreto de 13 membros, com poder de investigação sobre pessoas, documentos e registros.

LOUCURAS FINANCEIRAS

Durante esse período, a excitação pública foi extrema. A simples menção ao nome de algum diretor da Mares do Sul já remetia a toda sorte de fraudes e vilezas. As acusações contra Aislabie, ministro das Finanças, e contra Craggs, outro membro do ministério, foram tão ruidosas que a Câmara dos Lordes resolveu proceder imediatamente à sua investigação. Em 21 de janeiro, foi determinado que todos os corretores envolvidos no esquema da Mares do Sul deveriam apresentar, perante a câmara, um relato de todas as ações e subscrições compradas e vendidas por eles para qualquer funcionário do Tesouro ou do Ministério das Finanças desde a Festa de São Miguel de 1719. Quando isso foi feito, soube-se que grandes quantidades de ações haviam sido transferidas para o uso de Aislabie. Cinco dos diretores da Mares do Sul, com exceção de Edward Gibbon, o avô do célebre historiador, ficaram sob a custódia do parlamento. Mediante uma moção feita pelo conde Stanhope, foi aprovada por unanimidade a resolução de que a aceitação ou concessão de crédito por ações sem uma compensação efetivamente paga ou suficientemente garantida — bem como a compra de ações por qualquer diretor ou agente da Companhia dos Mares do Sul para uso ou benefício de qualquer membro do governo ou de qualquer outro membro de qualquer uma das casas do parlamento, durante o tempo em que o projeto de lei da Mares do Sul ainda estava pendente de aprovação — era uma corrupção notória e perigosa. Outra resolução foi aprovada poucos dias depois segundo a qual vários dos diretores e executivos da Mares do Sul que, de forma clandestina, haviam vendido as próprias ações para a empresa tinham sido culpados de fraude notória e quebra de confiança, o que ocasionou, em consequência, a infeliz mudança no curso dos negócios que tanto afetara o crédito público. Aislabie renunciou ao cargo de ministro das Finanças e se afastou do parlamento até que a investigação formal sobre sua responsabilidade individual fosse submetida à apreciação da legislatura.

Nesse ínterim, o tesoureiro da Mares do Sul, Knight, a quem haviam sido confiados todos os ardilosos segredos dos desonestos diretores, empacotou livros e documentos e foi embora do país. Disfarçado, partiu em um pequeno barco pelo rio e seguiu em segurança para Calais em um navio contratado para transportá-lo. Informada dessas circunstâncias, a câmara decidiu por unanimidade fazer dois clamores ao rei; o primeiro, que emitisse uma nota oferecendo recompensa pela apreensão de Knight; e o segundo, que desse ordem imediata de paralisação dos portos e monitoramento das costas, visando impedir que Knight e quaisquer outros funcionários da Mares do Sul escapassem do reino. Na mesma noite, em nota oficial emitida pela realeza, foi oferecida uma recompensa de 2 mil libras pela apreensão de Knight. Os comuns ordenaram que as portas da câmara fossem trancadas, e as chaves, colocadas sobre a mesa. Um dos membros do comitê secreto, o general Ross, informou que fora descoberto o esquema mais profundamente deplorável e fraudulento que o inferno já tinha concebido para arruinar uma nação, e que no devido tempo tudo seria revelado diante da câmara. Enquanto prosseguia com as investigações, o comitê considerou urgente a escolta de alguns dos diretores e dos principais funcionários da Mares do Sul, bem como a apreensão de seus documentos. Alguns membros da câmara que eram também diretores da Companhia dos Mares do Sul foram convocados a responder por suas práticas corruptas. Quatro deles foram considerados culpados de notória quebra de confiança, tendo ocasionado grandes perdas a um elevado número de súditos de sua majestade e prejudicado em demasia o crédito público, e foram expulsos da casa. Resolveu-se, ao mesmo tempo, solicitar ao rei que desse instruções aos embaixadores em cortes estrangeiras que requeressem a entrega de Knight às autoridades inglesas caso ele se refugiasse em alguma dessas cortes. O rei anuiu imediatamente, e mensageiros foram enviados a todo o continente naquela mesma noite.

Entre os diretores detidos estava sir John Blunt, o homem que a opinião popular costuma acusar de ter sido o autor original e pai do esquema. Esse mesmo homem professava ser um protestante religioso dos mais radicais. Estava sempre a pregar contra o amor ao luxo e a corrupção da época, contra a parcialidade dos parlamentos e a miséria do espírito partidário. Era particularmente eloquente contra a avareza em pessoas grandes e nobres. Escrivão por ofício, Blunt tornou-se depois não apenas diretor, mas o mais ativo administrador da Companhia dos Mares do Sul. Não sabemos se foi durante sua carreira nessa posição que ele começou a pregar contra a avareza dos grandes.

LOUCURAS FINANCEIRAS

Certamente ele a conheceu o suficiente para justificar seus mais severos anátemas; mas as pregações teriam tido efeito melhor se o pregador estivesse livre do vício que condenava. Ele foi levado sob custódia para a Câmara dos Lordes, onde passou por um longo exame. Recusou-se a responder a questionamentos essenciais. Alegou que já havia sido inquirido por um comitê na Câmara dos Comuns, e como não se recordava de todas as respostas, poderia vir a se contradizer. Então, para evitá-lo, optava por não fornecer respostas perante outro tribunal. Essa declaração, por si mesma prova indireta de culpa, provocou certa comoção na câmara. Blunt foi novamente questionado de maneira categórica se havia vendido parte das ações a qualquer um dos membros do governo, ou de qualquer uma das câmaras do parlamento, com o escuso fito de obter maiores facilidades na aprovação do Ato da Mares do Sul. Uma vez mais, declinou de responder. Blunt ansiava, conforme dizia, conferir à câmara todo o respeito que ela lhe impunha. Todavia, julgava complicado colocar-se na posição em que poderia acusar-se a si próprio. Depois de várias tentativas infrutíferas de refrescar sua memória, instruíram-no a se retirar.

Knight, o tesoureiro da Mares do Sul, foi detido em Tirlemont, próximo a Liège, e alojado na cidadela de Antuérpia. Reiteradas solicitações foram feitas à corte austríaca para sua deportação, contudo, todas em vão. Knight lançou mão da proteção dos Estados de Brabante, por cuja jurisdição demandou ser julgado. Pelas leis locais, toda espécie de infrator apreendido na localidade dos Estados de Brabante deveria ir a julgamento dentro da sua esfera de jurisdição. Assim, as autoridades locais recusaram-se a entregar Knight às britânicas. Estas, contudo, não cessaram de insistir. Em meio à contenda, Knight aproveitou para fugir novamente.

Em 16 de fevereiro, o comitê secreto entregou seu primeiro relatório ao parlamento. Foi afirmado que o inquérito vinha enfrentando incontáveis dificuldades e toda sorte de constrangimentos; cada um dos investigados se esforçava até o limite de suas respectivas capacidades para escapar dos liames da justiça. Em alguns dos livros que foram apresentados, ativos falsos e fictícios tinham sido criados; em outros, não havia sequer ativos registrados, mas espaços em branco no lugar dos nomes dos corretores. Rasuras e claras alterações eram frequentes, e, em alguns dos livros de registro, páginas inteiras haviam sido arrancadas. Também foi descoberto que alguns dos livros mais importantes tinham sido inteiramente destruídos, enquanto outros foram furtados, e desapareceram para sempre. Ainda no início das investigações, observou-se que os assuntos encaminhados ao comitê eram de enorme variedade e extensão. A execução da lei havia sido confiada a inúmeros indivíduos, e, incumbidos de tal dever, muitos agiram de maneira injustificável ao dispor do poder sobre milhões de libras em propriedade de milhares de pessoas.

Constatou-se que antes que a Lei da Mares do Sul fosse aprovada já havia nos registros da companhia toda sorte de falsificações, manipulações e imprecisões. Os diretores haviam praticado todo tipo de ilegalidades, dentre as quais o suborno de membros do governo para que a Lei da Mares do Sul fosse aprovada. Em posse de informações privilegiadas, estes haviam obtido os mais abomináveis lucros. Um a um, os culpados foram condenados a ressarcir o erário; muitos foram presos, e alguns deputados foram expulsos da Câmara dos Comuns.

O próximo passo do parlamento, após a punição dos culpados, foi a restauração do crédito público. O projeto de Walpole fora considerado insuficiente e perdera a confiabilidade. Um cálculo foi feito de todo o capital social da Mares do Sul no final do ano de 1720. Verificou-se uma soma de 37,8 milhões de libras, das quais as ações atribuídas a todos os proprietários totalizavam 24,5 milhões de libras. Os outros 13,3 milhões de libras pertenciam aos bens corporativos da empresa, e equivaliam ao lucro obtido com a ilusão nacional. Mais de 8 milhões desse total foram retirados da companhia e divididos entre os proprietários e subscritores em geral. Isso foi um grande alívio. Ordenou-se ainda que as pessoas que tivessem tomado dinheiro emprestado da Mares do Sul, com ações efetivamente transferidas e prometidas no momento do empréstimo para a companhia ou para uso dela, ficassem livres de todas as exigências mediante o pagamento de 10% das somas assim emprestadas. Eles haviam emprestado cerca de 11 milhões dessa maneira, numa época em que os preços estavam anormalmente elevados; e agora recebiam de volta 1,1 milhão, quando os preços caíram para seu nível normal.

SOBRE AS NOSSAS LOUCURAS FINANCEIRAS

O lento desenvolvimento do sistema financeiro internacional, que começou na Itália, no final da Idade Média, e culminou com a criação quase simultânea das sociedades anônimas e do mercado de ações, na Holanda, em meados do século XVII, tornou as operações econômicas cada vez mais virtuais e abstratas. Antes, era pequeno o hiato entre "dinheiro" e "riqueza", pois as economias se baseavam em bens e metais preciosos bastante concretos, de modo que não sobrava grande espaço para confusões e enganos. Aos poucos, porém, a concretude de um quilo de ouro dá lugar à promessa, firmada em pedaços de papel, do pagamento de um quilo de ouro em determinada data mediante a apresentação. Cédulas, notas, títulos, promissórias, ações, participações — tudo isso é promessa de riqueza futura, não riqueza presente concreta. É, em outras palavras, crédito. Ao permitir que indivíduos e empresas empregassem capital que não possuíam de fato no presente com a promessa de obter, com ele, ganhos no futuro, esse sistema gerou um grau de prosperidade sem precedentes na história humana. Debaixo da complexidade imensa que ele adquiriu, porém, estão bases frágeis, como a corda bamba pela qual caminha um equilibrista: basta um passo em falso para despencar.

Ora, em qualquer lugar do planeta é possível comprar pão com um punhado de ouro, mas o valor de notas de papel que prometem o pagamento de um punhado de ouro depende de que o recebedor acredite no valor delas. Depende, isto é, de que se dê crédito às promessas que fazem. "Crédito" é sinônimo de "confiança". O vendedor só aceita a nota com que o comprador pretende pagar-lhe se confia que ela porta seu valor nominal. Assim, a confiança é o pilar dórico que sustenta o sistema monetário, que é sustentado, por sua vez, pelo cumprimento das promessas feitas. Se estas não podem ser cumpridas, a confiança despenca, levando consigo todo o sistema monetário.

Desde o início, surge um grave problema: até que ponto é razoável operar no presente com base em expectativas de ganhos futuros? Em outras palavras, até que ponto é possível ampliar a oferta de crédito sem que se torne impossível cumprir as promessas feitas e sem que se arrisque o colapso de toda a economia? A ampliação do crédito a níveis muito além dos razoáveis — seja por erro de cálculo ou por erro de intenção — seguida pela consequente incapacidade geral de cumprir as promessas feitas gerou inúmeras crises econômicas. Mas os problemas não param por aí.

Como tudo isso é complexo, abstrato e virtual, brota com facilidade a sensação de que é mágico e ilusório e de que é, portanto, possível alterar a realidade e criar riqueza com feitiços verbais e legislativos. Para piorar, o desenvolvimento desse sistema dá aos governos elevada capacidade de controle sobre as economias nacionais. Desse controle parcial até a ilusão de controle total é um passo pequeno.

Tanto o Esquema do Mississípi quanto a Bolha da Companhia dos Mares do Sul foram, essencialmente, tentativas de governos — ou de grupos privados sancionados pelo governo — de criar prosperidade generalizada por meio da magia econômica, o que resultou na quebra da confiança no sistema e no colapso da economia.

Na história do Brasil, ao longo de sucessivos governos, esse processo se repetiu diversas vezes. As palavras mágicas empregadas mudaram, mas a crença no poder econômico da feitiçaria parece sempre, como a Fênix do mito grego, renascer das cinzas quando se acreditava que havia morrido. As poderosas palavras com que Mackay descreve a França de John Law aplicam-se, sem perder nada em exatidão, a diversos períodos da história brasileira: "Uma prosperidade ilusória reluzia sobre a terra, e tanto ofuscava os olhos da nação que ninguém conseguia ver a nuvem negra no horizonte a anunciar a tempestade que se aproximava com demasiada rapidez".

No ano de 1941, o escritor austríaco Stefan Zweig, que se exilara no país para escapar da ocupação de sua terra natal pelo regime nazista, publicou o livro *Brasil, país do futuro*. Não foi por coincidência que a afirmação derivada do título, em si mesma pueril, tornou-se tão consagrada: ela expressava um tema recorrente da nossa história, que aparece já no deslumbre de Pero Vaz de Caminha com a terra que "em se plantando, tudo dá"; repete-se nos diversos "ciclos" de prosperidade e decadência da nossa economia — do açúcar, do ouro, da borracha, do café; perpassa os paralelos, corriqueiros no final do século XIX, entre os Estados Unidos e o Brasil; manifesta-se nas diversas ondas de imigração para o país; e culmina no "milagre econômico" dos anos 1970. É permanente a sensação, tanto por parte do povo quanto das elites, de que um país tão grande em território e tão vasto em recursos naturais tem a riqueza como destino — se ela ainda não chegou, então ainda está por chegar. Os grandes começos, porém, resultaram em fins melancólicos, pois se baseavam em ilusões: os voos eram voos de galinha, as fogueiras eram fogos-fátuos.

Vejamos um breve sumário de alguns dos casos em que a excitação do ilusionismo econômico deu lugar à depressão da realidade nua e crua.

O ENCILHAMENTO

Ao assumir o Ministério da Fazenda do governo republicano provisório, em 1889, Rui Barbosa deu início a um ambicioso plano de industrialização do país. Uma série de decretos do novo ministro procurava aumentar a oferta de papel-moeda em circulação, baratear o crédito e facilitar a criação de sociedades anônimas. Além disso, concedeu-se a alguns bancos a faculdade de emitir moedas.

A Crise do Encilhamento foi uma bolha econômica que ocorreu no Brasil, entre o final da Monarquia e início da República, e estourou durante a República da Espada, desencadeando então uma crise financeira e institucional.

A ideia era fazer com que o país dependesse menos da agricultura e se tornasse uma economia moderna, de base industrial e financeira. Segundo o historiador Boris Fausto, "as iniciativas de Rui Barbosa concorreram para expandir o crédito e gerar a ideia de que a República seria o reino dos negócios". Centenas de empresas foram criadas, algumas reais, muitas outras fictícias. A especulação correu desenfreada. O excesso de papel-moeda sem lastro gerou inflação.

Em 1891, a bolha estourou: as ações despencaram, acompanhadas pela queda da moeda brasileira em relação à inglesa, ambos os valores caindo na mesma proporção em que a inflação galopava; a consequência, naturalmente, foi a quebradeira generalizada.

Não se sabe com precisão a origem do nome "encilhamento", mas especula-se que derive das corridas de cavalos. Pouco antes da largada, os cavalos eram "encilhados", ou seja, preparados para correr. A política de Rui Barbosa preparava o país para correr como um corcel — e também favorecia tantas apostas e especulações quanto o turfe.

O objetivo do plano era sem dúvida louvável, mas a realidade acabou mostrando que a economia brasileira, longe de ser um cavalo de corrida pronto para voar, era um pangaré debilitado e manco, incapaz de resistir ao peso do cavaleiro e à velocidade dos demais competidores.

O PLANO CRUZADO

Entre os anos de 1983 e 1985, a inflação brasileira registrou índices de 230% ao ano. Previa-se que em 1986 chegaria a 400%. Diante do descontrole total dos preços, a equipe econômica do presidente José Sarney, liderada pelo ministro da Fazenda Dilson Funaro e composta pelos economistas João Sayad, Edmar Bacha, André Lara Resende e Persio Arida, teve uma ideia brilhante: controlá-los na marra, por decreto, via puro e simples truque de mágica econômico-legislativo. Por que ninguém nunca pensou nisso antes?

Em 27 de fevereiro de 1986, instituiu-se por lei o Plano de Estabilização Econômica (PEE), que ficaria conhecido popularmente como Plano Cruzado. Além do congelamento dos preços em todo o varejo nos valores de 27 de fevereiro de 1986 pelo prazo de um ano, ele estabelecia também:

Nota de cem mil cruzeiros durante o Plano Cruzado. Com a mudança do nome, bastou um carimbo para atualizar a nota e cortar 3 zeros.

- Reforma monetária, com a transformação do cruzeiro em cruzado, o qual valia mil vezes mais;
- Congelamento e correção automática do salário quando os índices atingissem 20% de inflação;
- Adiantamento de 33% do salário mínimo;
- Congelamento da taxa de câmbio;
- Criação do Fundo Nacional de Desenvolvimento (FND) para a implementação do Plano de Metas responsável pela área de infraestrutura econômica e insumos básicos.

Inicialmente, o plano foi um sucesso estrondoso. Em março de 1986 houve deflação de 0,11%; nos meses subsequentes, a inflação se manteve controlada. Somando-se a isso o crescimento econômico, o reino da prosperidade parecia, mais uma vez, ter chegado ao Brasil. Com bruxarias econômicas cada vez mais elaboradas, o governo segurou o plano até as eleições que aconteceriam em novembro. Graças ao sucesso das medidas econômicas, o partido do presidente, o PMDB, elegeu a assombrosa quantidade de vinte e dois governadores, além de maioria absoluta nas duas casas do Congresso.

Mas a nuvem negra no horizonte a anunciar a tempestade que se aproximava com demasiada rapidez não tardou a aparecer. Ainda em 1986, imediatamente após as eleições, o congelamento se tornou absolutamente insustentável, e o governo foi obrigado a revogá-lo. A determinação dos preços está entre os fatos econômicos mais complexos que existem. Tentativas de controlá-los artificialmente produzem uma confusão generalizada cujo resultado é um efeito cascata que termina por desorganizar a economia inteira.

Um dos elementos que determinam o preço dos alimentos é a qualidade da safra, que depende de fatores como o clima. Quando ela é ruim, a oferta diminui; para compensar, o preço sobe. Se o produtor não pode reajustar o preço, tem prejuízo. Assim, muitos produtores preferiram não colocar a safra à venda, e as prateleiras dos supermercados começaram a esvaziar. Indústrias degradavam a qualidade ou diminuíam a quantidade dos produtos para evitar prejuízos. O mesmo produto, maquiado, desaparecia e depois ressurgia com novo nome, nova marca e novo preço. Quem podia começou a estocar alimentos. As filas nos supermercados dobravam quarteirões; pacatas donas de casa disputavam enfurecidas o último pacote de macarrão.

Um acontecimento em especial simboliza e condensa o absurdo tragicômico da situação. Após a carne ter desaparecido dos açougues e supermercados no fim de 1986, o governo acusou os pecuaristas de boicotar a economia nacional. Assim, obteve na justiça a desapropriação de 2 mil bois. Agentes da Polícia Federal foram, então, encarregados de entrar no pasto e abater os animais. Era a realidade, que, presa numa garrafa com a rolha da maquiagem econômica, exerceu tanta pressão que ao escapar explodiu não somente a garrafa, mas o edifício inteiro.

No início de 1987, a inflação já era maior do que antes do Plano Cruzado. No acumulado do ano, ficou em 363%. Mas essa foi a menor das consequências desastrosas das medidas econômicas de Sarney. A desorganização financeira do país em consequência do plano foi tal que nos primeiros meses de 1987 o governo se viu obrigado a decretar a moratória da dívida externa, o que transformou o Brasil em um pária internacional, condenando-o a anos de recessão. Além disso, uma enxurrada de processos de indivíduos e empresas exigindo do governo reparações por prejuízos causados pelo plano se estende até os dias atuais.

A CRISE DE 2014

A partir de 2004, mais uma vez pareceu que o tão propalado futuro do país do futuro enfim chegara. A economia brasileira crescia em ritmo impressionante, assim como a renda das famílias — carros novos eram vendidos como nunca antes; os estoques se esgotavam prontamente; novas empresas surgiam de hora em hora; vagas de emprego sobravam; e apartamentos, ainda que com preço inchado, eram vendidos na planta — o país se transformara em um canteiro de obras. Milhões de pobres adentraram a classe média e, pela primeira vez, passaram a viajar de avião, ter plano de saúde e mandar os filhos para a universidade. Em 2010, último ano do governo Lula, o crescimento econômico do país foi de 7,5%, um dos maiores da história. A imprensa internacional saudava o Brasil como a mais nova potência econômica mundial. A sensação de abastança era generalizada.

Tímidos e esporádicos analistas, porém, apontavam que o edifício da bonança estava erguido sobre bases de geleia. É verdade que parte do sucesso se devia a um ajuste fiscal rígido e ortodoxo realizado pelo novo governo em 2003, o que aumentou a confiança e, com ela, os investimentos e a disponibilidade de crédito. Mas a raiz do êxito estava em dois fatores que, inexoravelmente, eram efêmeros e fugiam ao controle do governo: a acentuada desvalorização do dólar em relação a todas as moedas do mundo no período de 2003 a 2011 e o imenso apetite chinês por *commodities* brasileiras.

Para tornar a fartura duradoura, cabia ao governo brasileiro aproveitá-la para investir em infraestrutura e realizar reformas que tornassem a economia mais dinâmica e robusta, como a simplificação dos impostos, a desburocratização e a redução do Estado. Aconteceu, porém, o inverso: os gastos governamentais se multiplicaram, e nada se fez para corrigir os problemas estruturais da economia brasileira. A volta da valorização do dólar, em 2012, foi o tempero final no caldeirão da crise que se achava prestes a explodir, pois o novo governo, que tomara posse em 2011, acentuou a desastrosa Nova Matriz Econômica implantada em 2008, a qual reproduzia em alta resolução a ilusão de óptica da prosperidade, ao mesmo tempo que jogava fermento na massa do desastre: pesada intervenção estatal na economia, com queda de

A HISTÓRIA DAS ILUSÕES E LOUCURAS DAS MASSAS

juros via decreto, incentivo ao consumo via crédito concedido por bancos estatais, inibição das importações, benefícios fiscais seletivos, controle artificial dos preços de combustíveis e energia elétrica, gastos governamentais pesados e, como consequência da festa, descontrole das contas públicas.

No segundo semestre de 2014, o brasileiro começou a pisar em falso, e já no início de 2015 ele se espatifou da nuvem em que se encontrava: em 2015 e 2016 a economia brasileira, medida pelo Produto Interno Bruto, encolheu 3,5%, o pior resultado da história. Com o PIB despencaram a renda, o consumo e o emprego. Em 2015, o rendimento real dos trabalhadores teve a maior queda mensal, o comércio, o pior semestre, a venda de alimentos, a primeira queda, e a inflação, a maior alta em doze anos. O consumo de carne caiu 30%; a construção civil fechou 700 mil vagas; o endividamento das famílias foi o pior da história; o número de miseráveis aumentou; a classe média passou a recorrer a bicos para fechar as contas. À medida que a tempestade caía sobre a economia brasileira, desfazia-se a nuvem da ilusória prosperidade que parecia indicar que a hora do Brasil, finalmente, havia chegado.

CAPÍTULO 2

PROFECIAS MODERNAS

O pavor generalizado do fim do mundo já se espalhou incontáveis vezes por entre as nações. O episódio mais notável consistiu naquele que se apoderou da cristandade em meados do século X. Numerosos fanáticos surgiram na França, na Alemanha e na Itália, a pregar que os mil anos profetizados no Apocalipse, limite da duração do mundo, estariam prestes a expirar. Assim, o Filho do Homem irromperia nas nuvens para julgar piedosos e ímpios. A heresia foi desencorajada pela Igreja, mas, de toda forma, espalhou-se de maneira vertiginosa.

Era esperado que o julgamento final ocorresse em Jerusalém. No ano de 999, a quantidade de peregrinos migrando para o Oriente a fim de ali aguardar a vinda do Senhor era tão imensa que chegou-se a compará-los a um exército aterrador. A maioria deles vendeu bens e propriedades antes de partir da Europa, e passou a viver com os valores remanescentes na Terra Santa. Edifícios de todo o tipo foram se deteriorando até desabar em ruínas. Considerava-se inútil repará-los quando o fim do mundo estava tão próximo. Construções pomposas foram, também, deliberadamente postas abaixo. Mesmo as igrejas, que em geral eram bem preservadas, sofreram com a negligência e o pânico generalizados. Cavaleiros, cidadãos e servos viajavam para o Oriente em caravanas, levando consigo esposas e filhos, entoando salmos enquanto caminhavam com olhares temerosos para o céu, que esperavam se abrir a cada minuto para permitir a chegada do Filho de Deus em sua Glória.

Durante o milésimo ano, o número de peregrinos aumentou. Dentre eles, a maior parte parecia haver sido acometida por uma praga, tamanho era o seu amedrontamento. Qualquer fenômeno da natureza os alarmava. Uma tempestade de trovões os punha de joelhos no meio de uma marcha. Para eles, o trovão equivalia à voz de Deus a prenunciar o Juízo Final. Muitos esperavam que a terra se abrisse e dela emergissem os mortos ao som tenebroso dos estrondos. Cada meteoro visto no céu de Jerusalém levava toda essa população cristã às ruas, com lamúrias e preces desesperadas. Pregadores fanáticos mantinham acesa a chama do temor. Cada estrela cadente fornecia oportunidade para um sermão. A redenção diante do grande julgamento que se aproximava constituía o principal tema das pregações.

Muitas vezes, ao longo da história, a passagem de cometas foi considerada presságio da iminente dissolução deste mundo. Parte dessa crença ainda perdura; mas o cometa já não é mais visto como um sinal, e sim como o agente da destruição. No ano de 1832, por exemplo, tal alarde premonitório se espalhou pelo continente europeu, em especial pela Alemanha, por sobre cujo céu, previram os astrônomos, passaria um cometa que supostamente destruiria a Terra. A ameaça global foi discutida a sério. Muitas pessoas se abstiveram de se engajar em qualquer empreendimento, ou de concluir qualquer negócio durante aquele ano, devido, unicamente, à preocupação de que o terrível cometa destruísse a todos, levando o planeta a se desfazer em átomos.

Durante períodos de calamidade, predições do fim do mundo, anunciadas por fanáticos malucos de toda sorte, costumam fazer grande sucesso. Na época da peste negra, que acometeu toda a Europa, especialmente entre 1345 e 1350, dava-se como certo que o fim dos tempos estava prestes a ocorrer. Ambiciosos profetas eram encontrados nas principais cidades da Alemanha, da França e da Itália, predizendo como, dentro de uma década, as trombetas do Arcanjo iriam soar, e o Salvador surgiria entre as nuvens para anunciar o Juízo Final.

Não menos avassaladora foi a consternação geral criada em Londres em 1736, quando se espalhou a profecia do famigerado Whiston, teólogo que prenunciou o fim do mundo mediante uma inundação ainda naquele ano, em 13 de outubro. Multidões de crédulos partiram no

PROFECIAS MODERNAS

"A visão da morte" por Gustave Doré, 1868.

dia anunciado em direção a Islington, Hampstead, e a descampados próximos, para assistir à destruição de Londres, o que seria "o começo do fim". Nem sequer choveu em Londres naquele dia.

No ano de 1761, também em Londres, os cidadãos se alarmaram com dois terremotos e com a previsão de um terceiro, que os destruiria por completo. O primeiro terremoto aconteceu no dia 8 de fevereiro e derrubou várias chaminés; o segundo ocorreu no dia 8 de março e foi sentido, principalmente, no norte da cidade. Logo tornou-se evidente, nas conversas populares, o detalhe de que houve um intervalo exato de um mês entre os tremores. Um soldado desmiolado, chamado Bell, ficou tão impressionado com a ideia de que haveria um terceiro terremoto em outro mês que enlouqueceu completamente, e saiu pelas ruas anunciando a destruição de Londres no dia 5 de abril. Boa parte das pessoas achou que o 1º de abril teria sido uma escolha mais adequada; ainda assim, houve milhares de crédulos que seguiram a profecia e tomaram medidas para ir embora, junto de suas famílias, do cenário da iminente calamidade. Quando o terrível dia, enfim, foi se aproximando, o pânico geral se intensificou, e uma multidão recorreu a aldeias próximas para aguardar a destruição de Londres. As cidades próximas ficaram repletas de fugitivos aterrorizados, que pagaram preços exorbitantes por alojamentos de donas de casa em retiros seguros. Aqueles que não tinham recursos para custear a estada em algum desses alojamentos permaneceram em Londres até dois ou três dias antes da data fatídica, e então partiram para acampar nas imediações da cidade, a fim de aguardar o enorme tremor que a reduziria a pó. O pânico tornou-se contagioso, e centenas de cidadãos, inclusive muitos que tinham rido da previsão ainda uma semana antes, empacotaram os próprios pertences quando viram outros fazendo o mesmo, e se apressaram em partir dali. Como o rio foi considerado um lugar seguro, os navios mercantes do porto ficaram amontoados de pessoas, as quais viraram a noite entre os dias 4 e 5 a bordo, à espera de, a qualquer instante, ver a Catedral de São Paulo cambalear, as torres da Abadia de Westminster estremecerem ao relento e tudo o mais ruir em meio a uma nuvem de poeira. A maior parte dos emigrados retornou no dia seguinte, convencida de que a profecia era falsa; contudo, muitos julgaram prudente aguardar que transcorresse uma semana antes de retornar ao lar em Londres. Bell perdeu toda a credibilidade, e foi tido, até pelo mais crédulo dos tolos, como mero louco. Chegou a tentar engatar algumas outras profecias, mas ninguém mais foi enganado por elas. Meses depois, foi confinado em um asilo para lunáticos.

PROFECIAS MODERNAS

No período em que a peste se abateu sobre Milão, em meados de 1630, o povo, aflito, acatou com avidez as previsões de astrólogos e de outros impostores. É deveras singular que a praga tenha sido profetizada um ano antes de irromper. Diante de um grande cometa que surgiu em 1628, as opiniões dos astrólogos se dividiram. Alguns insistiram que era um precursor de uma guerra sangrenta; outros sustentaram a previsão de um grande período de fome; mas o maior número deles, baseando o julgamento na cor pálida do cometa, anunciou o presságio de uma epidemia. O cumprimento dessa previsão lhes trouxe notoriedade enquanto a peste se alastrava.

Circulavam com frequência outras profecias que, segundo se afirmava, haviam sido feitas centenas de anos antes. Elas tinham efeito pernicioso sobre a mentalidade popular, pois induziam a crença no fatalismo. Ao tirar a esperança de recuperação — o maior dos bálsamos para um enfermo —, aumentavam três vezes mais as devastações provocadas por uma doença. Uma profecia peculiar quase levou vários infelizes à loucura. Um antigo dístico, preservado havia tempos pela tradição, previa que, no ano de 1630, o diabo envenenaria toda a cidade de Milão. Certa madrugada de abril, antes que a peste atingisse seu ápice, os transeuntes se depararam, surpresos, com todas as portas das principais ruas da cidade com uma curiosa marca, uma espécie de mancha, como que feita por uma esponja encharcada da matéria purulenta das feridas da peste que teria sido pressionada contra a superfície das entradas dos lugares. De pronto, a população inteira se mobilizou para observar a estranha aparição, e espalhou-se, muito rápido, um grande alarde. Tomaram-se medidas para descobrir a identidade dos vândalos subversivos, mas em vão. Por fim, a antiga profecia foi lembrada, e toda sorte de rezas e orações foram feitas a fim de que as maquinações do Maligno fossem derrotadas. Muitos chegaram a pensar que emissários de potências estrangeiras tivessem sido empregados para espalhar veneno infeccioso sobre a cidade; mas, de longe, a maioria das pessoas estava convencida de que poderes do inferno vinham conspirando contra a cidade, e que a epidemia era espalhada por agentes sobrenaturais. Nesse meio-tempo, a praga se disseminou de modo assustador. A desconfiança e a histeria se apoderaram de todos. Acreditava-se que tudo havia sido contaminado

69

A HISTÓRIA DAS ILUSÕES E LOUCURAS DAS MASSAS

pelas forças do mal; as águas dos poços, o trigo dos campos e as frutas das árvores. Pensava-se que tudo que se pudesse tocar estava contaminado; as paredes das casas, as calçadas das ruas e as próprias maçanetas das portas. A população foi levada a um patamar de fúria ingovernável. Uma estreita vigília era mantida para combater os emissários do mal, e qualquer homem que quisesse se livrar de um inimigo podia apenas denunciar que o viu besuntar uma porta com óleo purulento; seu destino era, então, morte certa nas mãos das massas. Um senhor com mais de oitenta anos de idade, ajoelhado na igreja de Santo Antônio, ao levantar-se, foi visto limpando com a barra do manto o banco em que estava prestes a se sentar. Um grito acusatório foi ouvido de imediato, e alegou-se que ele estaria espalhando o veneno maligno sobre o assento. Uma multidão ensandecida de mulheres, as mesmas que costumavam frequentar aquela igreja, cercou o pobre homem, que foi arrastado pelos cabelos, amaldiçoado e vilipendiado. Assim o levaram da lama até a casa do juiz municipal, a fim de que ele fosse forçado a denunciar seus cúmplices; mas ele acabou por falecer no caminho. Muitas outras vítimas foram sacrificadas à fúria das multidões. Um certo Mora, que parece ter sido químico e barbeiro, foi acusado de aliar-se ao diabo para contaminar Milão. Sua casa foi cercada, e variadas fórmulas químicas foram encontradas. O pobre homem assegurou que eram antídotos de prevenção contra a praga; mas alguns médicos, a quem as preparações foram submetidas, declararam serem infecciosas. Mora foi, então, submetido ao cavalete, mas continuou reafirmando por muito tempo sua inocência. Até que, por fim, quando suas forças foram aniquiladas naquele método de tortura, ele cedeu e acabou por confessar a aliança com o demônio junto a forças estrangeiras para infectar toda a cidade; também confessou que havia vandalizado as portas e contaminado as fontes de água. Nomeou cúmplices, que foram apreendidos e igualmente submetidos à tortura. Todos foram considerados culpados e sumariamente executados. A residência de Mora foi destruída, e um pilar foi erguido com uma inscrição em que se apontava o seu crime.

Enquanto a opinião pública se impregnava dessas ideias sublimes, a praga se alastrava. Multidões que se reuniam para testemunhar as execuções acabavam por espalhar a infecção. Na sequência, a violência da indignação e a extensão do fanatismo acompanhavam o furioso surto epidêmico; cada história incrível e absurda era tida por verdadeira. Um caso, em particular, destacou-se e ofuscou os demais. O próprio diabo foi visto. Ele apoderou-se de uma residência em Milão, onde preparou suas terríveis poções e as forneceu a seus emissários para distribuição.

A numerosa quantidade de pessoas que afirmavam ser funcionárias do diabo, encarregadas de distribuir a pestilência pela cidade, chegou a ser incrível. Um frenesi se alastrou, e pareceu tão contagioso quanto a peste. As imaginações agiam de modo tão desordenado quanto os corpos contaminados, e, dia após dia, multidões se apresentavam voluntariamente para confessar o pacto maligno. Em geral, eram nauseabundos marcados pela doença da peste, e muitos pereciam no ato da confissão.

Durante a grande praga que acometeu Londres em 1665, todos ouviam com avidez similar os presságios anunciados por charlatões e fanáticos. Daniel Defoe, o grande cronista da Londres do século XVII, diz que, naquela época, os povos eram viciados em predições, teorias conspiratórias, sonhos e contos da carochinha mais do que nunca, antes ou depois. Os almanaques e suas previsões assustavam terrivelmente. Ainda no ano anterior à eclosão da peste, muitos se alarmaram com o cometa que, então, irrompeu no céu, e intuíram o presságio de que a fome, a peste ou o fogo se seguiriam. Embora a peste ainda estivesse no início, os mais entusiasmados correram pelas ruas profetizando que, em pouco tempo, Londres estaria arruinada.

Um episódio ainda mais peculiar envolvendo a fé em profecias se passou em Londres no ano de 1524. Naquela época, a cidade fervilhava de adivinhos e astrólogos, que eram consultados por pessoas de todas as classes sociais interessadas nos mistérios do futuro. Já em meados de junho de 1523, muitos previram que, em 1º de fevereiro de 1524, as águas do Tâmisa atingiriam tal altura que iriam transbordar, inundar toda a Londres e arrastar em torno de 10 mil casas. A profecia encontrou adesão imediata. Foi reiterada meses a fio, até que houve alarde suficiente a ponto de muitas famílias empacotarem seus pertences e partirem para Kent e Essex. À medida que o dia fatídico se aproximava, o número de migrantes crescia. Em janeiro, milhares de

A HISTÓRIA DAS ILUSÕES E LOUCURAS DAS MASSAS

trabalhadores podiam ser vistos, seguidos por esposas e filhos, caminhando a pé até aldeias a vinte ou trinta quilômetros, com o intuito de aguardar a catástrofe. Os de classe social mais elevada também eram vistos, em vagões ou outros veículos, partindo em missões semelhantes. Por volta de janeiro, pelo menos 20 mil pessoas tinham abandonado a cidade, já condenada, deixando para trás somente as paredes de suas casas, que iriam sucumbir ao dilúvio. Bolton, o pároco de São Bartolomeu, ficou tão alarmado que levantou, a grande custo, uma espécie de fortaleza em Harrow-on-the-Hill, abastecida com provisões para dois meses. No dia 24 de janeiro, uma semana antes da data prenunciada, ele partiu para lá, junto de irmãos, oficiais do priorado e outros agregados. Muitos cidadãos ricos tentaram acompanhá-lo, mas o pároco, com prudente tolerância, admitiu somente amigos pessoais e aqueles que traziam estoques de alimentos para o abrigo.

Enfim, a manhã, grandiosa, carregando o destino de Londres, despontou ao leste. À uma hora da madrugada, as multidões se amontoavam curiosas, à espera da ascensão das águas. O previsto era que a inundação fosse gradual, não súbita; de modo que se esperava dispor de tempo suficiente para escapar, assim que se visse o nível do velho Tâmisa acima do limite normal. A maior parte da população, contudo, não achou seguro permanecer ali, e decidiu migrar para vinte ou trinta quilômetros de distância. O Tâmisa, indiferente às tolas multidões às suas margens, fluiu tão calma e silenciosamente quanto antes. A maré diminuiu na hora habitual, correu até a altura usual e depois diminuiu novamente, como se vinte astrólogos não tivessem conjurado o oposto em suas previsões. A perplexidade deles crescia à medida que a noite se aproximava; quanto mais suas frustrações transpareciam, maior a quantidade de gente que, pasma, notava ter sido enganada. Com a chegada da noite, o rio, obstinado em seu curso natural, não elevou suas águas, tampouco levou sequer uma das 10 mil casas que, segundo a previsão, seriam inundadas. No entanto, muitos ainda temiam dormir. Centenas permaneceram de pé até o raiar da manhã seguinte, para que não fossem pegos desprevenidos.

Um dia depois, discutiu-se a sério se não seria desejável afogar os falsos profetas no rio. Para sua sorte, eles puderam encontrar um expediente que dissipou a fúria popular: afirmaram que, por um erro (ínfimo) de uma pequena imagem cósmica, eles haviam interpretado erroneamente a data da terrível inundação com um século inteiro de antecedência. Afinal, as estrelas estavam certas, e eles, meros mortais passíveis de erro, enganaram-se. A atual geração de londrinos estava a salvo, e a cidade seria arrastada pelas águas não em 1524, mas em 1624. A esse anúncio, Bolton, o pároco, desfez sua fortaleza, e os migrantes retornaram, aborrecidos.

As profecias de Mãe Shipton ainda têm força em muitos dos distritos rurais da Inglaterra. Acredita-se que ela tenha nascido em Knaresborough, no reinado de Henrique VII, e que vendeu sua alma ao diabo em troca do poder de prever eventos futuros. Embora durante toda a vida tenha sido considerada uma bruxa, Mãe Shipton acabou escapando do destino comum das bruxas, e morreu em paz em sua cama, já em uma idade avançada.

Na Idade Média era comum o apego e adoração à astrologia.

A HISTÓRIA DAS ILUSÕES E LOUCURAS DAS MASSAS

Afirma-se que jamais houve dia em que ela não relatasse algo de extraordinário, que necessitava da mais séria consideração. Mãe Shipton era tão famosa que pessoas de todos os lugares, de perto e de longe, procuravam-na para se consultar. Moços e velhos, ricos e pobres, e sobretudo jovens donzelas, iam até ela esclarecer suas inquietações quanto ao futuro; e todos retornavam imensamente satisfeitos com as respostas recebidas. Dentre eles, estava o abade de Beverley, para quem Mãe Shipton prenunciou a destruição dos mosteiros por Henrique VIII; o casamento dele com Ana Bolena; os hereges incendiados em Smithfield; e a execução de Maria Stuart, a rainha da Escócia. Também previu a ascensão de Jaime I, acrescentando que, com ele,

Do frio Norte há de vir
*Todo mal que surgir.**

Por maior que seja a fama de Mãe Shipton, porém, ela ainda ocupa o segundo lugar no rol dos mais populares adivinhos britânicos. Como diz o velho Michael Drayton, em seu poema "Poly-Olbion":

Quem há de ignorar o velho Merlin e sua arte?
No mundo ainda vive o antigo mago em toda parte.
De suas profecias há mil anos já se sabe,
*E não se extinguirão antes que o Tempo acabe.***

Acredita-se, de modo geral, que Merlin tenha sido contemporâneo de Vortigern.*** No entanto, essa informação é controversa, visto que as opiniões se dividem quanto a ele ter sido um personagem real ou mera representação criada pela fantasia poética de um povo crédulo. O mais

---

* *From the cold North,/Every evil should come forth.*
** *Of Merlin and his skill what region doth not hear?/The world shall still be full of Merlin every year./A thousand lingering years his prophecies have run,/And scarcely shall have end till time itself be done.*
*** Vortigern é um lendário senhor da guerra bretão que teria vivido no século V. Há inúmeras referências a ele em crônicas medievais, mas os historiadores modernos contestam sua existência. (N. do T.)

PROFECIAS MODERNAS

provável é que tal figura de fato tenha existido e, dotada de sabedoria muito superior à média da sua época, tenha recebido atributos sobrenaturais na visão das multidões entusiasmadas.

Geoffrey de Monmouth traduziu as odes poéticas, ou profecias, de Merlin em prosa latina, e o mago tornou-se bastante prestigiado pela maioria dos antigos pesquisadores. Na obra *The Life of Merlin, Surnamed Ambrosius: His Prophecies and Predictions Interpreted, and Their Truth Made Good by Our English Annals*, de Thomas Heywood, publicada no reinado de Carlos I, encontramos várias dessas pretensas previsões. Elas parecem, no entanto, ter sido todas escritas pelo próprio Heywood. O Merlin de Heywood teria previsto, em termos claros e positivos demais para permitir que alguém duvide por um segundo que foram elaborados *ex-post facto*, a vitória de Ricardo Coração de Leão contra Saladino; a tomada da coroa por Ricardo III e a criação da Igreja Anglicana por Henrique VIII. Curiosamente, Merlin não previu nada depois da vida do próprio Heywood.

Constata-se, porém, que a reputação de Merlin não se limita de maneira nenhuma à sua terra natal, mas alcança a maioria das nações da Europa. Uma obra muito curiosa que foi escrita sobre ele, supostamente por Robert de Bosron, e impressa em Paris em 1498 — *Life, Prophecies, and Miracles* —, afirma que o próprio diabo era seu pai. Conforme consta, o diabo estava presente no instante em que Merlin nasceu, e garantiu à sua mãe, uma jovem muito virtuosa, que ela não morreria naquele momento, como tinham dito seus vizinhos maldosos. O juiz do distrito, ao ouvir essa história fantástica, convocou mãe e filho a comparecer à sua presença, o que aconteceu no mesmo dia. Para testar a sabedoria de profeta tão jovem com eficácia, o juiz inquiriu se a criança conhecia o próprio pai. Ao que o bebê Merlin respondeu, em alto e bom som: "Sim, meu pai é o diabo; e eu tenho o poder dele, e sei todas as coisas, passadas, presentes e futuras". Sua Excelência bateu palmas com espanto. Decidiu, então, prudente, não aborrecer criança tão terrível, tampouco sua mãe.

Uma antiga tradição atribui aos poderes de Merlin a construção de Stonehenge. Acredita-se que aquelas aterradoras rochas foram lançadas no ar, sob seu comando, da Irlanda à planície de Salisbury; e que ele as

A HISTÓRIA DAS ILUSÕES E LOUCURAS DAS MASSAS

organizou da forma em que estão agora para homenagear o destino infeliz de trezentos chefes britânicos que foram massacrados naquele local pelos saxões.

A crença em pessoas dotadas de poderes premonitórios não foi ofuscada pelo avanço do conhecimento. Dentre outros profetas ingleses, há Robert Nixon, o idiota de Cheshire, contemporâneo de Mãe Shipton. Os relatos populares acerca desse homem nos informam de que é filho de pais pobres, nascido não muito longe de Vale Royal, nos limites da floresta de Delamere. Ele foi criado para o arado, mas era tão ignorante e estúpido que não servia para nada. Todos o consideravam irremediavelmente louco, e não prestavam atenção a seus discursos estranhos e desconexos. Acredita-se que muitas de suas profecias tenham se perdido por isso. No entanto, um incidente acabou por lhe trazer notoriedade e o transformou num profeta célebre de primeiro calibre. Nixon arava um campo quando, de repente, parou de trabalhar e, com um olhar selvagem e um gesto estranho, exclamou: "Agora, Dick! Agora, Harry! Ó, muito mal, Dick! Ó, muito bem, Harry! Harry ganhou o dia!"* Seus colegas de trabalho no campo não sabiam o que concluir dessa rapsódia; mas, no dia seguinte, esclareceu-se o mistério. Um mensageiro trouxe notícias, relatadas às pressas, de que no mesmo instante em que Nixon tivera aquela iluminação, Ricardo III fora morto na batalha de Bosworth e Henrique VII fora proclamado rei da Inglaterra.

Não demorou muito para que a fama do novo profeta chegasse aos ouvidos do rei, que expressou o desejo de encontrá-lo. Um mensageiro foi despachado para levá-lo à corte; mas, muito antes de chegar, Nixon pressentiu as honras que o esperavam e ficou temeroso. De fato, foi dito que, no instante em que o rei expressou seu desejo, Nixon tomou conhecimento dele, e percorreu a cidade de Over em grande angústia, bradando, como um desvairado, que Henry o convocara à corte para ser silenciado, isto é, condenado a morrer de fome. Esse comportamento não comoveu ninguém; mas, no terceiro dia, quando o mensageiro chegou e o levou à corte, a boa gente de Cheshire ficou com a impressão de

---

* "Dick" é um apelido comum de Ricardo/Richard, e "Harry", um apelido comum de Henry/Henrique. (N. do T.)

PROFECIAS MODERNAS

que o profeta local era um dos maiores já nascidos. Quando Nixon se viu diante do rei, este pareceu preocupadíssimo com a perda de um valioso diamante, e questionou se Nixon poderia lhe informar onde a joia se encontrava. O próprio Henrique havia escondido o diamante, com o objetivo de testar a habilidade do suposto vidente. Grande, portanto, foi sua surpresa quando Nixon respondeu com as palavras do velho provérbio: "Quem esconde pode encontrar". Daquele momento em diante, o rei

Bruxas, 1508, de Hans Baldung Grien. Na Idade Média, antes da Caça às Bruxas, o termo "bruxa" era empregado para curandeiras e benzedeiras, respeitadas por toda a comunidade.

passou a acreditar piamente que ele tinha o dom da profecia, e ordenou que todas as suas palavras fossem anotadas.

Durante todo o tempo em que permaneceu na corte, Nixon relatou um constante medo de morrer de fome, e disse ao rei, reiteradamente, que esse seria o seu destino, caso não lhe fosse permitido partir para retornar ao seu lugar de origem. Henrique não se convenceu, mas deu ordens estritas a todos os seus empregados e cozinheiros para o alimentarem o quanto quisesse. Nixon viveu tão bem naqueles tempos que parecia prosperar tanto quanto o mordomo de um nobre, e engordar tanto quanto um membro do governo. Um dia, o rei, ao sair para caçar, deparou-se com Nixon, que correu para o portão do palácio e suplicou de joelhos para que não fosse deixado para trás até que morresse de fome. O rei riu e, chamando um empregado, disse-lhe para tomar um cuidado especial com o profeta durante sua ausência. E então, partiu para a floresta. Após sua partida, os serventes do palácio começaram a zombar de Nixon, insultando-o, pois julgavam que ele era mais bem tratado do que realmente merecia. Nixon queixou-se com o empregado, o qual, para impedir que o vidente continuasse a ser atormentado, trancou-o nos aposentos do rei, e o alimentou regularmente quatro vezes ao dia. Aconteceu, contudo, de um mensageiro do rei solicitar a presença imediata desse empregado em Winchester, por uma questão de vida ou morte. Tão grande foi sua pressa em obedecer às ordens do soberano que montou em seu cavalo atrás do mensageiro e partiu, esquecendo-se do pobre Nixon. O empregado demorou muito para retornar, e quando, lembrando-se do profeta pela primeira vez, foi aos aposentos do rei, encontrou-o prostrado no chão, morto por inanição, conforme ele previra. Os biógrafos de Nixon concluem seu relato alegando que "suas profecias são consideradas fábulas por alguns; entretanto, à luz do que de fato aconteceu, agora se pensa, e parece muito claramente ser mesmo o caso, que a maioria delas se provou, ou provará, ser verdadeira; diante do que, em todas as ocasiões, devemos não apenas exercer o máximo de nossa força para repelir nossos inimigos, mas abster-nos dos caminhos tortuosos e amaldiçoados, e fazer nossas contínuas orações a Deus, clamando por proteção e segurança".

NOSSAS PROFECIAS MODERNAS

Os leitores contemporâneos, que vivem numa época mais esclarecida e científica do que aquelas em que se deram os eventos retratados por Charles Mackay, podem ter certa dificuldade para compreender o fascínio exercido em outros tempos por profetas e profecias. Mas será que as coisas mudaram de fato tanto assim? Um breve exame de certas profecias mais recentes mostrará que a humanidade não mudou nada.

O BUG DO MILÊNIO

Se o "pavor generalizado do fim do mundo" tomou conta da cristandade no ano de 999 graças à crença de que o fim do milênio traria consigo o fim de tudo, pavor não muito diferente tomou conta de uma cultura mais racional e científica na virada do milênio seguinte.

O bug do milênio, ou o "problema do ano 2000", foi a crença generalizada, estimulada pelas manchetes mais bombásticas, de que os sistemas informatizados traziam um erro interno de lógica que os levaria a entrar em colapso na virada do ano 1999 para o ano 2000. A maioria dos programas de computador, afirmava-se, só representava datas pelas décadas. Assim, embora as máquinas fossem geniais o bastante para que o mundo viesse a depender delas para praticamente tudo, eram demasiado obtusas para diferenciar 2000 de 1900. O erro de datação resultaria em confusão de armazenamento de dados e execução de tarefas. Como àquela altura enorme parcela do funcionamento da sociedade já dependia de sistemas informatizados, um colapso dos serviços significaria, na prática, um colapso da própria civilização.

Entre as catástrofes mais temidas estavam a queda de aviões e o vazamento de material radioativo, decorrentes da pane dos sistemas de aeroportos e usinas nucleares; o saque generalizado, pois os cofres mais elaborados dependiam de códigos informatizados; o cataclismo econômico, resultante da perda de todos os dados bancários.

Para impedir o apocalipse, tomaram-se as medidas mais extravagantes: 300 bilhões de dólares foram gastos em medidas preventivas, que redundaram todas, curiosamente, de um modo ou de outro, em lucro para as empresas de informática, cuja inépcia seria a causa última do problema, se ele tivesse ocorrido.

Mas quando o novo milênio finalmente chegou, a população mundial continuou, na maior tranquilidade, a realizar na internet as mesmas atividades inconfessáveis que realizava antes; os aviões continuaram a apresentar um desafio constante à Lei da Gravidade; as usinas nucleares seguiram equilibrando o risco de extinção da humanidade numa corda bamba; os bancos frustraram da maneira mais vil a esperança de milhões de endividados de voltar, finalmente, a ter o nome limpo na praça.

O problema mais grave que o bug do milênio ocasionou foi a falha de terminais de ônibus na Austrália — o que felizmente não foi o fim do mundo para nenhum canguru.

O FIM DO MUNDO MAIA

Durante todo o ano de 2012, sempre que faltava assunto aos jornais do mundo, eles não tinham dúvidas: era o momento de falar da profecia maia segundo a qual o fim do mundo estava agendado para 21 de dezembro de 2012, o início do equinócio de inverno.

O calendário maia é um sistema de calendários e almanaques distintos usados pela civilização maia da Mesoamérica pré-colombiana e por algumas comunidades maias modernas dos planaltos da Guatemala.

A previsão tinha por base dois monumentos maias que indicavam o fim de uma era de 5.126 anos. Segundo arqueólogos, isso significa apenas o fim de um ciclo e o começo de um novo ciclo; mas como os maias já não estavam por aí para esclarecer o sentido exato disso, milhões de pessoas convenceram-se de que "fim de um ciclo" é o mesmo que "fim do mundo", e um insano frenesi tomou conta do planeta no dia 20 de dezembro de 2012.

Os precursores da profecia, nos anos 1970, foram grupos alternativos europeus e norte-americanos proponentes da Nova Era. Como desejavam mesmo o fim do mundo como conheciam, eles viram nas inscrições a oportunidade de conferir verniz místico, histórico e arqueológico aos próprios desejos e crenças. E se o mundo, afinal de contas, não acabasse, pelo menos o turismo e a venda de produtos da Nova Era trariam (como trouxeram) enormes lucros.

Perto da fatídica data, milhões de pessoas começaram a estocar alimentos, fugir para abrigos subterrâneos e praticar cursos de sobrevivência primitiva. O dia 21 passou e o 22 chegou; pode até ter se iniciado uma nova era, mas o mundo visível, segundo todos os indícios, continuou exatamente o mesmo de antes.

A GUERRA DE CANUDOS

Por mais espantosas em seus fundamentos e consequências que sejam as profecias narradas por Mackay, só no Brasil é que um profeta foi capaz de causar uma guerra — e não qualquer guerrinha, mas a guerra civil mais mortífera da história nacional. Diga-se a favor do profeta, entretanto, que nenhuma pessoa de bom senso pode contestar que as forças que se encarregaram de esmagá-lo em nome da razão, do progresso e da ciência superaram de longe, em termos de demência, os alienados presentes no conflito.

Não se sabe ao certo quando nasceu Antônio Vicente Mendes Maciel, que viria a ser conhecido como Antônio Conselheiro, mas o ano mais provável é 1830, em Quixeramobim, Ceará. Ele foi comerciante, professor e advogado. Em 1863 ou 1864, flagrou a mulher na cama com um militar. No entrevero que se seguiu, teve um ataque súbito de loucura e esfaqueou o cunhado. Depois disso, Conselheiro passou vinte e cinco anos peregrinando pelo sertão. Em algum momento começou a fazer pregações religiosas, congregando o povo a levar uma vida ascética e reunindo milhares de seguidores. Conselheiro tornou-se beato, o que, segundo o historiador Boris Fausto, é "um misto de sacerdote e chefe de jagunços".

Em 1893, decidiu abandonar a vida nômade e se estabelecer em um povoado formado em uma fazenda abandonada conhecido como Arraial de Canudos, no sertão baiano. Logo ele se tornou líder dos habitantes do local e estabeleceu normas de convivência baseadas no trabalho comunitário e na vida religiosa. Qualquer interessado em juntar-se à comunidade era bem-vindo. Diante das duras condições de vida do sertão, tratava-se de uma proposta sedutora: Canudos chegou a ter 30 mil habitantes.

Em seus sermões, Conselheiro não se limitava a pregar contra a República recém-fundada; ele profetizava a volta de D. Sebastião, rei português desaparecido na batalha de Alcácer-Quibir contra os árabes, em 1578, evento que marcaria o fim dos tempos. Afirmava que a República era uma invenção de satanás e marca do anticristo. O escritor Euclides da Cunha relata que Conselheiro teria feito as seguintes profecias:

"Em 1896 há de rebanhos mil correr da praia para o sertão; então o sertão virará praia e a praia virará sertão."

"Em 1897 haverá muito pasto e pouco rasto, e um só pastor e um só rebanho."

"Em 1898 haverá muitos chapéus e poucas cabeças."

"Em 1899 ficarão as águas em sangue, e o planeta há de aparecer no nascente com o raio do sol que o ramo se confrontará na terra, e a terra em algum lugar se confrontará no céu ... Há de chover uma grande chuva de estrelas e aí será o fim do mundo."

"Em 1900 se apagarão as luzes."

Os poderosos reagiram a essa crítica aberta à sua autoridade como uma criança maior ofendida pelo coleguinha menor. A "Guerra de Canudos" consistiu, em verdade, em quatro operações militares contra o arraial. A primeira, ocorrida em outubro de 1896, foi de iniciativa do

PROFECIAS MODERNAS

governo da Bahia, que enviou um destacamento de cem praças contra o arraial. Para surpresa generalizada, os conselheiranistas levaram a melhor, obrigando a força policial a se retirar com vários mortos. Uma segunda expedição, com quinhentos homens, atacou Canudos em janeiro de 1897, mas foi de novo repelida. A notícia da vitória de um punhado de sertanejos primitivos sobre as tropas policiais do estado da Bahia causou escândalo e ultraje ao chegar à capital. Foi demais para o governo de Prudente de Morais (1894-1898), que decidiu enviar tropas do Exército para dar fim à baderna. Composta de 1,3 mil homens e equipamento militar moderno, a força assaltou o arraial no dia 2 de março. Os sertanejos não somente obrigaram os militares a retroceder como abateram o chefe da expedição, o coronel Antônio Moreira César.

Charge de Angelo Agostini publicada na Revista Ilustrada *(1896)*, em que Antônio Conselheiro rechaça a República.

A resposta foi brutal: sob o comando do general Artur Oscar de Andrade Guimarães, organizou-se uma força municiada de dezoito canhões e composta de cerca de 10 mil homens, metade do contingente militar da época. O ministro da Guerra em pessoa, marechal Carlos Machado Bittencourt, seguiu para o sertão baiano e se instalou na base de operações. No dia 27 de junho, as tropas chegaram a Canudos. Após meses de batalhas sangrentas, no meio das quais morreu Antônio Conselheiro (no dia 22 de setembro, em decorrência, acredita-se, de disenteria), os militares conseguiram dominar o arraial, embora houvesse ainda um último foco de resistência. As tropas prometeram clemência aos combatentes que se rendessem; muitos o fizeram. A maior parte deles, inclusive mulheres e crianças, foi degolada. No dia 5 de outubro, os últimos sertanejos combatentes foram mortos. No dia seguinte, o arraial foi incendiado, e todas as suas 5,2 mil casas, destruídas. O cadáver de Antônio Conselheiro foi exumado, e sua cabeça, decepada, foi enviada a Salvador e exibida numa pira diante de uma parada militar.

Estima-se que entre 15 mil a 30 mil pessoas tenham morrido na Guerra de Canudos. Para efeito de comparação, considere-se que o mais longo conflito civil armado da história brasileira, a Guerra dos Farrapos (1835-1845), resultou em cerca de 3 mil mortos.

CAPÍTULO 3

INFLUÊNCIA DA POLÍTICA E DA RELIGIÃO NO CABELO E NA BARBA

A célebre declaração de São Paulo de que "é desonra para o homem ter cabelo crescido" (1 Coríntios 11:14) foi usada por governos tanto civis quanto eclesiásticos como pretexto para inúmeras prescrições singulares. Da implantação do cristianismo até o século XV, o corte de cabelo e o estilo da barba foram questões de Estado na França e na Inglaterra.

Constatamos, porém, que já em épocas muito anteriores não se permitia aos homens fazer o que quisessem com o próprio cabelo. Alexandre, o Grande, acreditava que as barbas de seus soldados ofereciam ao inimigo uma conveniente alça, prelúdio do corte de suas cabeças; para privá-lo dessa vantagem, Alexandre ordenava a todo o exército que rapasse o rosto. A concepção que ele tinha de cortesia para com o inimigo era bem diferente daquela dos índios norte-americanos, entre os quais era questão de honra deixar a "mecha cavalheiresca" crescer, de modo que o oponente, ao tirar o escalpo, pudesse segurar algo.

Durante algum tempo, os cabelos longos foram o símbolo da soberania na Europa. Entre os sucessores de Clóvis,* era privilégio exclusivo da família real ter cabelos grandes e cacheados. Com poder equiparável ao do rei, os nobres não admitiam mostrar inferioridades nesse aspecto, e usavam não somente o cabelo, mas também a barba de enorme

---

* Clóvis I (466-511) foi o primeiro rei dos francos a unir todas as tribos sob um soberano comum. (N. do T.)

comprimento. Essa moda durou, com mudanças leves, até o tempo de Luís, o Piedoso (778-840); os seus sucessores, até Hugo Capeto (941-996), usavam o cabelo curto para distinguir-se. Até os servos desafiavam toda a regulação, e deixavam as madeixas e as barbas crescerem.

Na época da invasão da Inglaterra por Guilherme, o Conquistador,[*] os cabelos dos normandos eram bem curtos — ao contrário da moda entre os ingleses: cabelos grandes e bigode, mas queixo rapado. Ao seguir para Hastings, o rei Haroldo enviou espiões para apurar a força e os números do inimigo, e ao retornar, eles relataram, entre outras coisas, que "a companhia parecia formada por padres, pois todos eles tinham todo o rosto e a barba rapados". Quando os arrogantes vitoriosos dividiram entre si as amplas terras dos nobres saxões, ocasião em que todo tipo de tirania foi empregado para fazer com que os ingleses se sentissem de fato subjugados e alquebrados, encorajou-se entre eles o crescimento dos cabelos, para que se assemelhassem o mínimo possível a seus podados e aparados senhores.

Esse estilo, desagradabilíssimo para o clero, imperava em grande medida na França e na Alemanha. No fim do século XI, foi declarado pelo papa, com zeloso apoio das autoridades eclesiásticas de toda a Europa, que aqueles que usassem cabelos grandes deveriam ser excomungados enquanto vivessem e não deveriam receber orações quando morressem. Guilherme de Malmesbury relata que São Vulstano (1008-1095), bispo de Worcester, ficava especialmente indignado sempre que via um homem de cabelos grandes, os quais considerava altamente imorais, bestiais e criminosos. Ele carregava uma pequena faca no bolso, e sempre que algum culpado dessa ofensa se ajoelhava diante dele para receber a bênção, Vulstano a estendia marotamente, cortava um punhado de cabelo e jogava-o no rosto da vítima, mandando-a cortar o resto se não quisesse ir para o inferno.

Mas a moda, que às vezes se pode alterar com um mero peteleco, permanece firme quando leva um soco; e os homens preferiram arriscar

---

[*] A Inglaterra, então sob domínio saxão, foi invadida e conquistada pelos normandos, liderados por Guilherme, em 1066. A batalha decisiva, na qual o rei inglês, Haroldo, foi morto, aconteceu em Hastings no dia 14 de outubro. (N. do T.)

a danação a abandonar a futilidade capilar. No tempo do rei Henrique I (1068-1135), Anselmo, arcebispo de Cantuária, julgou necessário republicar o famoso decreto de excomunhão e ilegalidade contra os transgressores; mas, como a própria corte começara a adotar cachos, as imputações da Igreja foram ineficazes. Henrique I e seus nobres usavam os cabelos em longos cachos até as costas, tornando-se *scandalum magnatum* aos olhos dos piedosos. Um tal Serio, capelão do rei, sentiu-se tão aflito ante a impiedade do mestre que pregou, diante de toda a corte, um sermão baseado no conhecido texto de São Paulo, no qual descreveu um quadro tão pavoroso dos terríveis tormentos que esperavam pelos cabeludos no outro mundo que vários deles caíram em lágrimas e puxaram os próprios cabelos, como se quisessem arrancá-los pela raiz. O próprio Henrique chorou. O padre, vendo a impressão que

Henrique III, também conhecido como Henrique de Winchester, foi o rei da Inglaterra, lorde da Irlanda e duque da Aquitânia, de 1216 até sua morte. Filho do rei João da Inglaterra e Isabel de Angoulême, Henrique assumiu o trono com apenas nove anos de idade, no meio da Primeira Guerra dos Barões.

A HISTÓRIA DAS ILUSÕES E LOUCURAS DAS MASSAS

causara, resolveu aproveitar a situação tensa, e, retirando um par de tesouras dos bolsos, cortou o cabelo do rei na presença de todos. Vários dos principais membros da corte consentiram em fazer o mesmo, de modo que por um breve período pareceu que o cabelo grande estava saindo de moda. No entanto, depois que o lampejo inicial da penitência esfriou pela reflexão, os cortesãos concluíram que a Dalila eclesiástica lhes havia roubado a força e, em menos de seis meses, eles eram os mesmos grandes pecadores de sempre.

Na França, as trovoadas do Vaticano em relação aos cabelos longos eram tão pouco respeitadas quanto na Inglaterra. Luís VII (1120-1180), porém, era mais obediente que o rei inglês, e tinha o cabelo quase tão curto quanto o dos monges, para grande pesar dos valentes da corte. A rainha, Leonor da Aquitânia, alegre, altiva e sedenta de prazeres, nunca lhe admirou o corte, censurando-o sem cessar por imitar não apenas o estilo capilar, mas também o ascetismo dos monges. Surgiu, por isso, uma frieza entre eles. Revelando-se a dama, por fim, infiel a seu senhor careca e indiferente, eles se divorciaram, e os reis da França perderam as ricas províncias de Aquitânia e Poitou, que eram dote dela. Pouco depois, Leonor concedeu sua mão e suas propriedades a Henrique, duque da Normandia, mais tarde Henrique II da Inglaterra, e deu assim aos soberanos ingleses a presença na França que foi por tantos séculos causa de tantas guerras sangrentas e longas entre as duas nações.

Nem mesmo quando as cruzadas levaram à Palestina todos os jovens importantes o clero encontrou tanta dificuldade para convencer os circunspectos burgueses que ficaram na Europa da imensa importância de evitar o cabelo grande. Durante a ausência de Ricardo Coração de Leão, seus súditos ingleses não apenas cortaram o cabelo curto como raparam o rosto. Com o fito de torná-los o menos parecidos possível com os normandos e os habitantes da cidade, William Fitz Osbert, ou Barbalonga, o grande demagogo da época, reintroduziu entre aqueles que afirmavam ser de origem saxã a moda do cabelo grande. Sua barba ia até o peito, donde o nome com que se tornou conhecido pela posteridade.

A Igreja nunca se mostrou tão inimiga da barba quanto do cabelo grande. Em geral ela permitia que a moda seguisse seu curso, tanto com relação ao queixo quanto ao lábio superior. Essa moda variava constantemente; pois descobrimos que, em pouco mais de um século depois do tempo de Ricardo I, em que as barbas eram curtas, elas haviam se tornado longas ao ponto de ser ridicularizadas pelos escoceses que visitaram Londres em 1327 para o casamento de David, filho do rei escocês, com a irmã do rei inglês.

Quando ascendeu ao trono da Espanha, Carlos V não tinha barba. Como não se esperava que os parasitas obsequiosos que sempre circundam os monarcas se permitissem ter aparência mais viril que a de seu senhor, imediatamente todos os membros da corte apareceram sem barba, com exceção de poucos anciões circunspectos que, já não se deixando influenciar pela moda, estavam determinados a morrer tão barbudos quanto tinham vivido. Pessoas sóbrias de modo geral viram essa revolução com tristeza e alarme, crendo que todas as virtudes viris seriam banidas junto com a barba. Tornou-se ditado comum na época: *"Desde que no hay barba, no hay mas alma"* [Perdemos a alma quando

Carlos II, rei da Espanha, de 1665 até 1700.

perdemos a barba]. Também na França a barba saiu de uso depois da morte de Henrique IV, pela simples razão de que seu sucessor era jovem demais para ter uma.

Não nos esqueçamos da divisão da Inglaterra entre os partidos dos Cabeças Redondas e dos Cavaleiros.* Naquela época, os puritanos acreditavam que toda espécie de vício e iniquidade estava à espreita nos longos cachos dos monarquistas, ao passo que estes imaginavam que seus oponentes eram tão destituídos de inteligência, de sabedoria e de virtude quanto eram de cabelos. As madeixas de um homem eram símbolo de seu credo, tanto em política quanto em religião. Quanto mais abundante o cabelo, mais escassa a fé; e quanto mais careca a cabeça, mais sincera a piedade.

Mas entre todas as instâncias de interferência dos governos nos cabelos dos homens, a mais extraordinária, não somente por sua ousadia como também por seu sucesso, é a de Pedro, o Grande, em 1705. Nessa época, a moda condenara a barba em todos os países da Europa, banindo-a, com voz mais potente que a de papas e imperadores, da sociedade civilizada. Mas isso só fez com que os russos se agarrassem mais apaixonadamente a seu antigo ornamento, como marca que os distinguia dos estrangeiros, que odiavam. Pedro, porém, decidiu que deveriam se barbear. Se tivesse cultura histórica mais aprofundada, ele poderia ter hesitado em empreender ataque tão despótico aos costumes e preconceitos honrados pelo tempo que seus contemporâneos conservavam; mas não tinha. Ele não conhecia, nem examinou, os perigos da inovação. Pedro só dava ouvidos aos estímulos da sua vontade indomável, de acordo com a qual determinou que não apenas os militares, mas todas as categorias de cidadãos, dos nobres aos servos, deveriam rapar a barba. Concedeu-se certo tempo para que as pessoas superassem as agonias da repugnância, mas depois dele todo homem que optasse por manter a barba teria de pagar uma taxa de cem rublos. Os padres e servos receberam pena menor, de acordo com a qual, se conservassem a barba, teriam de pagar um

---

* Na Guerra Civil Inglesa, os partidários do parlamento, por usarem cabelos curtos, eram conhecidos como "Roundheads", ou Cabeças Redondas, e os do rei, que usavam cabelos longos, como "Cavaliers", ou Cavaleiros. (N. do T.)

Pedro I, apelidado de Pedro, o Grande, foi o Czar da Rússia de 1682 até a formação do Império Russo, em 1721, continuando a reinar como Imperador até sua morte.

copeque toda vez que passassem pelos muros de uma cidade. A insatisfação resultante foi imensa, mas o pavoroso destino dos streltsy[*] era recente demais para ser esquecido, e milhares de pessoas que tinham a disposição de revoltar-se não tiveram coragem de fazê-lo. Assim, acharam mais prudente cortar a barba do que correr o risco de despertar a ira de um homem que não teria escrúpulos em lhes cortar a cabeça. Mais sábio, além disso, que bispos e papas de épocas anteriores, ele não os ameaçou com a danação eterna, mas obrigou-os a pagar em dinheiro suado a pena pela desobediência. Durante anos uma receita considerável veio dessa fonte. Os fiscais davam como recibo uma pequena moeda de cobre, feita expressamente para esse propósito, e chamada a *borodováia*, ou "o

---

[*] Os streltsy eram um corpo de infantaria do exército russo que, em 1698, revoltou-se contra Pedro, o Grande. A reação do imperador foi brutal: os revoltosos foram enterrados vivos, esticados até que seus membros quebrassem, queimados com ferro e grelhados lentamente. (N. do T.)

barbudo" — de um lado havia a figura de um nariz, boca e bigode, com as palavras *Deuyee Vyeatee*, "dinheiro recebido", sobrepostas, e o conjunto era circundado por uma grinalda e timbrado com a águia negra da Rússia; o outro lado trazia o ano corrente. Todo homem que optasse por ter barba era obrigado a mostrar esse recibo ao entrar numa cidade. Os refratários eram jogados na prisão.

Desde então, os governantes da Europa lutam antes para persuadir que para obrigar em todos os temas concernentes à moda. O Vaticano não se perturba mais com barbas nem com cachos, e os homens podem se tornar cabeludos como ursos, se o desejarem, sem medo de excomunhão nem perda de direitos políticos.

INFLUÊNCIA DA POLÍTICA E DA RELIGIÃO NO CABELO E NA BARBA EM TEMPOS RECENTES

Se o estilo do cabelo e da barba já não é matéria de legislação há muito tempo, nem por isso deixou de ser indicativo, ou pelo menos sugestivo, da posição política do indivíduo. O Brasil, afinal, também teve sua versão farsesca dos Cavaleiros e Cabeças Redondas ingleses. Durante os governos do Partido dos Trabalhadores (2003-2016), sobretudo com os protestos que tomaram conta do país a partir de junho de 2013, o tamanho do cabelo e da barba de um jovem indicava com alto grau de probabilidade se ele era apoiador do governo ou opositor: quanto mais longas as madeixas, maior a probabilidade do apoio ao partido governante.

Mas essa divisão, em verdade, foi apenas reflexo de uma divisão maior da sociedade que já existia antes do governo do PT e que permaneceu depois que ele acabou. Também não diz respeito somente ao Brasil, mas afeta, de um modo ou de outro, boa parte dos países do Hemisfério Ocidental.

A moda contemporânea dos cabelos e barbas longos se iniciou com o movimento hippie, nos anos 1960 e 1970. Nessa época, a prosperidade das sociedades ocidentais era tanta que se tornou possível para uma multidão de jovens entregar-se a uma vida de prazeres e de rebeldia contra aqueles de cujo trabalho esses prazeres eram fruto. Os hippies desposavam uma visão alternativa de sociedade, na qual o trabalho, a família e os valores morais tradicionais importavam menos que músicas, drogas alucinógenas e amor livre. Em outras palavras, como a família deles trabalhava e aderia a valores morais tradicionais que incluíam o dever de sustentar os filhos, os hippies podiam passar o tempo transando, drogando-se e ouvindo música.

Assim, manter os cabelos e a barba aparados passou a ser visto como símbolo de adaptação à sociedade: ao cortar as madeixas, eles acreditavam estar cortando tudo o que era espontâneo e natural em si mesmos para atender às exigências de uma sociedade que desprezavam. Fazer a barba era sinônimo de trabalhar. Como tinham a intenção de deixar claro o seu desprezo à imposição do trabalho, os hippies aderiram ao costume de não cortar o cabelo. Desse modo, os cabelos e a barba longos tornaram-se símbolos.

Embora o movimento tenha perdido força e deixado de existir, a ideia geral permaneceu: cabelos e barba grandes são sinônimos de rebeldia e liberdade, ao passo que apará-los é em si mesmo um ato de conformismo.

O movimento hippie foi um comportamento coletivo de contracultura dos anos 1960 nos Estados Unidos da América, e tornou famosa a célebre expressão "paz e amor".

CAPÍTULO 4

VENENOS LENTOS

O assassinato atroz por envenenamento, causado por venenos que operam de modo tão lento que levam um observador comum a crer que a vítima padece gradualmente de causas naturais, é uma prática conhecida de todas as épocas. No início do século XVI, a incidência desse crime parece ter começado a aumentar progressivamente, de modo que no século XVII ele já havia se espalhado por toda a Europa, como uma verdadeira praga. De início, foi muito praticado por pretensos feiticeiros e magos, e, por fim, tornou-se uma área de estudo para todos que alegavam dominar a magia e as artes sobrenaturais. No vigésimo primeiro ano de Henrique VIII, deu-se um episódio considerado de alta traição. Os culpados foram fervidos até a morte.

Um dos primeiros casos de que se tem notícia, e que é difícil superar em termos de atrocidade, foi o assassinato de sir Thomas Overbury, que desonrou a corte de Jaime I no ano de 1613. Um pequeno esboço dele serve de introdução propícia à história do frenesi de assassinatos por envenenamento, cuja recorrência chegou a se prolongar à França e à Itália, mesmo cinquenta anos depois.

Robert Kerr, um jovem escocês, logo foi notado por Jaime I e carregado de honrarias, por nenhuma outra razão conhecida senão sua beleza pessoal. Suspeitava-se que Jaime fosse adepto daquela que era considerada, então, a mais abominável de todas as ofensas. Quanto mais examinamos sua história, mais fortes se tornam os indícios de que a suspeita tinha fundamento. Seja como for, o belo Kerr oferecia sua bochecha macia, mesmo em público, para os beijos repugnantes de Sua Realeza, e enrubescia, de imediato, em seu favor. No ano de 1613, ele foi nomeado lorde tesoureiro da Escócia, e deu origem a um título de nobreza inglês: visconde de Rochester. Outras honras ainda lhe estavam reservadas.

Diante de ascensão tão ligeira, não lhe faltaram amigos. Sir Thomas Overbury, o secretário do rei — que parece, graças a ameaças em suas próprias cartas, não ter sido mais do que uma espécie de fomentador dos vícios de Sua Realeza, e que estava ciente dos perigosos segredos do rei —, exerceu, à surdina, todo o seu poder de influência para conseguir a promoção de Kerr, o qual, por sua vez, sem dúvida retribuiu de um jeito ou de outro. Overbury não limitou sua amizade a isso, se é que se pode chamar de amizade o que houve entre os dois — ele atuou como alcoviteiro ao ajudar Rochester a manter um caso de adultério com lady Frances Howard, esposa do conde de Essex. Lady Frances era uma mulher de paixões violentas, desprovida de todo o senso de prudência. Seu marido era uma pedra no caminho e, para se libertar dele, ela tomou medidas para instaurar um divórcio, o que qualquer mulher de modéstia ou delicadeza de sentimentos preferiria morrer a ter de encarar. O escandaloso processo foi bem-sucedido e, assim que acabou, foram providenciados os preparativos, em uma escala de enorme magnificência, para seu casamento com lorde Rochester.

Sir Thomas Overbury, que de bom grado ajudou o patrono no romance com a condessa de Essex, parece ter imaginado que o casamento com uma mulher tão vil poderia retardar a ascensão social do "amigo" — assim, passou a empregar toda a sua influência para dissuadir Rochester da ideia. Mas Rochester estava demasiadamente imerso nesse projeto, e suas paixões eram tão violentas quanto as da condessa. Em determinada ocasião, quando Overbury e o visconde caminhavam na galeria de Whitehall, ouviu-se Overbury dizer: "Bem, meu senhor, se casar com essa mulher abjeta arruinará totalmente sua honra e a si próprio. Jamais terá o meu consentimento; e, caso o faça assim mesmo, é melhor que se prepare para as consequências". Rochester voltou-se furioso, exaltando um juramento: "Ajustarei minhas contas com você por isso". Essas palavras foram a sentença de morte do infeliz Overbury, que feriu mortalmente o orgulho de Rochester ao insinuar que este poderia ser rebaixado diante do rei; ele ousara tentar conter as paixões ardentes de um homem dissoluto e insensato.

As objeções imprudentes de Overbury foram relatadas à condessa; e a partir de então, ela também prometeu a vingança mais mortal contra

A dança inglesa da morte, de Thomas Rowlandson, 1815.

A HISTÓRIA DAS ILUSÕES E LOUCURAS DAS MASSAS

ele. Com uma hipocrisia diabólica, no entanto, ambos ocultaram suas intenções, e Overbury, a pedido de Rochester, foi nomeado embaixador na corte da Rússia. Essa aparente cortesia foi apenas o primeiro passo de uma trama intrincada e fatal. Rochester, fingindo zelar pelos interesses de Overbury, aconselhou-o a recusar a embaixada, que, segundo ele, era apenas um truque para tirá-lo do caminho. Prometeu-lhe, então, ficar entre ele e quaisquer consequências negativas que pudessem advir dessa recusa. Overbury caiu na armadilha e recusou a embaixada. Jaime, ofendido, ordenou imediatamente sua prisão na Torre de Londres.

Agora ele estava a uma distância segura, e seus inimigos tinham oportunidade de começar o projeto de vingança. A primeira coisa que Rochester fez foi conseguir, por sua influência, a demissão do tenente da Torre e a nomeação de sir Jervis Elwes, uma de suas leais criaturas, para o posto vago. O homem era apenas um instrumento, e outro ainda, igualmente necessário, foi encontrado em Richard Weston, um sujeito que anteriormente fora vendedor de um farmacêutico. Weston foi instalado no cargo de subtenente e, como tal, tinha a custódia direta de Overbury. Até o momento, tudo era favorável aos projetos dos conspiradores.

Nesse meio-tempo, o insidioso Rochester escreveu as cartas mais amigáveis a Overbury, aconselhando-o a suportar a má sorte pacientemente e prometendo-lhe que a prisão não duraria muito, pois seus amigos estavam se esforçando para amenizar o descontentamento do rei. Ainda fingindo nutrir extrema simpatia pelo infeliz, junto às cartas, enviava-lhe quitutes e iguarias que não podiam ser adquiridos na Torre. Tudo estava envenenado. Eventualmente, presentes de características semelhantes eram enviados a sir Jervis Elwes, com a indicação de que esses não eram artigos envenenados, pois não eram acompanhados por cartas: desses, o desafortunado prisioneiro nunca provou. Uma mulher chamada Turner, que antes mantinha uma casa de má reputação que mais de uma vez emprestara para promover a relação ardilosa de Rochester e lady Essex, era o agente empregado para obter os venenos. Eles foram preparados pelo dr. Forman, um pretenso cartomante de Lambeth, com o auxílio de um farmacêutico chamado Franklin. Ambos conheciam a finalidade dos venenos, e empregavam suas habilidades para misturá-los com os quitutes e outros comestíveis, em quantidades pequenas que desgastavam

VENENOS LENTOS

gradualmente a constituição da vítima. A sra. Turner fornecia regularmente os artigos envenenados ao guarda, que os colocava diante de Overbury. Não apenas a comida, mas também a bebida era envenenada. O arsênico era misturado com o sal que ele comia, e a cantárida, com a pimenta. Durante todo esse tempo, a saúde de Overbury se debilitava visivelmente. A cada dia ele ficava mais fraco; e, com um apetite doentio, ansiava por doces e geleias. Rochester continuava a lhe agradar, e antecipava todos os seus desejos a esse respeito, enviando-lhe abundância de doces e, ocasionalmente, perdizes e outros animais de caça, além de leitões. No molho, a sra. Turner misturava uma quantidade de cantárida e envenenava a carne de porco com cáustico lunar. Conforme declarado no julgamento, Overbury tomou, dessa maneira lenta, veneno suficiente para matar vinte homens; mas sua constituição era forte, e ele ainda resistia. Franklin, o farmacêutico, confessou que preparou com o dr. Forman sete tipos diferentes de venenos: aquafortis, arsênico, mercúrio, pó de diamantes, cáustico lunar, venenos de aranhas e cantárida.

Overbury aguentou por tanto tempo que Rochester se impacientou, e, em uma carta a lady Essex, expressou espanto que o plano ainda não tivesse obtido êxito. Lady Essex, de imediato, deu ordens ao guarda para dar cabo da vítima de uma vez por todas. Overbury não permaneceu todo esse tempo sem cogitar a possibilidade de traição. Contudo, ao que parece, não fazia ideia do envenenamento. Apenas desconfiava de que a intenção de seus inimigos era confiná-lo por toda a vida, bem como fomentar ainda mais as desavenças do rei contra ele. Em uma de suas cartas, chegou a ameaçar Rochester de que, se não fosse liberto rapidamente, iria expor a vilania dele ao mundo. Disse ele: "Você e eu, em breve, chegaremos a um julgamento público de outra natureza. ... Não me leve a extremos, para que eu não diga algo de que você e eu possamos nos arrepender. ... Viva ou morra eu, sua vergonha jamais findará, mas permanecerá neste mundo para fazer de você o mais execrável dentre os vivos. ... Espanta-me muito que você negligencie aquele a quem mais confidenciou todos os tipos de segredos. ... São os perigos comuns frutos de segredos comuns?".

Crer que todas essas queixas e indiretas sobre os perigosos segredos que guardava o beneficiariam com um homem tão inconsequente quanto lorde Rochester foi um grande erro de cálculo, mais propenso a fazer com que fosse sacrificado do que salvo. Rochester parece ter agido como se pensasse assim. Não há dúvidas de que empregou a lógica dos assassinos, segundo a qual "os mortos não contam histórias". Assim, quando, depois de receber cartas dessa natureza, o visconde reclamou com a amante sobre a demora, Weston foi pressionado a consumar a atrocidade derradeira; e, com a paciência de todos os envolvidos esgotada, uma dose de bicloreto de mercúrio foi administrada a Overbury em outubro de 1613, o que acabou com seu tormento, depois de seis meses nas mãos dos algozes. No dia de sua morte, e antes que seu corpo esfriasse, ele foi embrulhado descuidadamente em um lençol e enterrado sem nenhuma cerimônia fúnebre em uma cova nos arredores da Torre.

A morte brusca, a pressa indecente do funeral e a ausência de uma autópsia reforçaram as suspeitas que pairavam no ar. Rumores eram ouvidos não em sussurros, mas alto e bom som. Logo a família do falecido passou a manifestar expressamente a desconfiança de que seu nobre parente havia sido assassinado. Contudo, Rochester ainda era o todo-poderoso na Corte, e ninguém ousava pronunciar qualquer rumor a seu respeito. Pouco depois, seu casamento com a condessa de Essex foi celebrado em todo o esplendor, numa cerimônia à qual o próprio rei compareceu.

Entretanto, ao que parece, Overbury conhecia o caráter de Jaime muito bem, para decepção de Rochester, que não acreditara no amigo. Overbury acertara em cheio na previsão de que o casamento acabaria por repelir o favor do soberano. Por essa época, contudo, Rochester era mais estimado do que nunca pela realeza; o que, todavia, não durou muito — a consciência, o atarefado vigilante, vinha trabalhando, e as más línguas jamais pararam de circular os boatos. Rochester, que era culpado havia muito tempo, tornou-se por fim deplorável. Suas bochechas perderam o rubor, seus olhos ficaram sombrios; tornou-se temperamental, descuidado e melancólico. O rei, vendo-o assim, não desfrutava mais da sua presença na sociedade, e buscou outro favorito. George Villiers, duque de Buckingham — perspicaz, bonito e inescrupuloso —, era o queridinho da vez. E bastaram as duas últimas características para que ele fosse recomendado a Jaime I. Na medida em que a influência de Rochester diminuía, a de Buckingham aumentava.

Favoritos em decadência não têm amigos; e os rumores se intensificaram contra Rochester, mais fortes e precisos do que nunca. A ascensão de um novo preferido da corte também apressava a queda do anterior. Buckingham, que ansiava por arruinar completamente seu antecessor, passou a incentivar que os parentes de sir Thomas Overbury prosseguissem com as investigações sobre aquela morte estranha.

Jaime era bastante rigoroso na punição de transgressões em que não estivesse envolvido. Além disso, havia aprimorado sua agilidade para desvendar mistérios. O caso de sir Thomas Overbury o ocupou prazerosamente. Ele começou a trabalhar ordenando a prisão de sir Jervis Elwes. Nessa fase inicial do processo, o rei não parecia estar ciente de que o envolvimento de Rochester era tão profundo. Surpreendido com horror diante da revelação do sistema atroz de envenenamento gradual, ele solicitou a colaboração de todos os juízes. Ajoelhando-se em

Sir Thomas Overbury (1581-1613), poeta e cortesão.

meio a eles, disse: "Meus nobres juízes, chegou ao meu conhecimento que agora os senhores se ocupam de um caso de envenenamento. Deus! Em que circunstâncias terríveis ficará este reino — a única nação do mundo famosa pela sua hospitalidade — se nossas refeições se tornarem armadilhas, sem que ninguém possa comer livre de perigo de vida, com o costume italiano introduzido entre nós! Assim sendo, meus senhores, eu os encarrego de nos fornecer, no grandioso e terrível dia do julgamento, uma resposta que será pronunciada depois de exame minucioso, sem predisposição, afeto ou parcialidade. E, caso poupem algum dos culpados desse crime, que a maldição de Deus recaia sobre os senhores pela posteridade! E caso eu poupe algum culpado, que a maldição de Deus recaia sobre mim pela posteridade!".

A próxima pessoa a ser presa depois de sir Jervis Elwes foi Weston, o subtenente; então, Franklin e a senhora Turner; e, por fim, a condessa e o conde de Somerset, dignidade à qual Rochester havia sido alçado depois da morte de Overbury.

O primeiro a ser julgado foi Weston. A curiosidade pública estava no auge. Não se falava de outra coisa, e o tribunal, no dia do julgamento, estava absolutamente lotado. Weston foi considerado culpado e executado. O mesmo destino coube à senhora Turner, a Franklin e a sir Jervis Elwes, cujas execuções ocorreram entre os dias 19 de outubro e 2 de dezembro de 1615; mas o grandioso julgamento do conde e da condessa de Somerset só aconteceu em maio do ano seguinte.

Nesse ponto, o rei começou a sentir que seu zelo em punir os envenenadores tinha sido demasiado veloz. Não havia a menor dúvida de que Somerset seria considerado culpado, e era igualmente evidente para o rei que ele procuraria o perdão e a impunidade. Durante sua estada na torre, Somerset chegou a afirmar com segurança que Jaime não ousaria levá-lo a julgamento. Nisso ele se enganou; mas Jaime estava em agonia. Nunca saberemos com certeza qual era o segredo que havia entre ambos. Provavelmente, um crime ou outro pesava na consciência do rei; e não seria seguro executar Somerset, seu cúmplice, em público.

No tribunal, Somerset, com autocontrole e autoconfiança, desafiou as testemunhas e se defendeu com vigor. Mesmo assim, ele e a condessa de Somerset foram condenados à morte. O rei, porém, temia assinar

VENENOS LENTOS

a pena de morte, talvez porque ela pudesse vir a ser a sua própria. Assim, o conde e a condessa foram confinados à Torre, onde permaneceram por quase cinco anos. Ao final desse período, para a surpresa e o escândalo da comunidade, e a desgraça de sua principal autoridade, ambos receberam o perdão real, mas ordenou-se que residissem longe da corte. Como fora condenado por crime, as propriedades do conde haviam sido confiscadas; mas Jaime concedeu-lhe uma renda de 4 mil libras por ano! A sem-vergonhice não poderia ir mais longe.

Nada se sabe do que ocorreu com os criminosos depois, exceto que o amor que antes tinham um pelo outro se converteu em aversão, e que viviam sob o mesmo teto sem trocar uma única palavra por meses.

A revelação dessas atrocidades não pôs fim à prática do envenenamento. Ao contrário, engendrou aquela imitação, uma característica tão estranha do caráter humano. Mas foi na Itália que o envenenamento foi mais prevalente. Desde muito cedo, ele parece ter sido visto, naquele país, como meio perfeitamente justificável de livrar-se de um inimigo. Os italianos dos séculos XVI e XVII tinham tão poucos escrúpulos em envenenar os oponentes quanto um cidadão contemporâneo tem em processar alguém que o prejudicou.

No ano de 1659, fez-se saber ao papa Alexandre VII que um grande número de mulheres jovens contara no confessionário ter envenenado o marido com venenos lentos. O clero católico, que em geral considera os segredos da confissão tão sagrados, ficou chocado e alarmado com a prevalência extraordinária do crime. Embora se recusassem a revelar os nomes das penitentes, os padres consideraram-se obrigados a informar ao chefe da Igreja as monstruosidades praticadas. O grande número de jovens viúvas da cidade era tema generalizado de conversa em Roma. Observava-se, também, que se qualquer jovem casal fosse infeliz junto, o marido logo ficava doente e morria. Assim que começaram a investigar, as autoridades papais descobriram que havia se formado uma sociedade de jovens esposas que se encontravam à noite com algum propósito misterioso na casa de uma velha chamada Hieronyma Spara. Essa mulher tinha reputação de bruxa e vidente, e atuava como líder daquelas jovens, várias das quais, como se verificou mais tarde, pertenciam às primeiras famílias de Roma.

A HISTÓRIA DAS ILUSÕES E LOUCURAS DAS MASSAS

Uma dama empregada pelo governo para coletar provas conclusivas das práticas desse conclave feminino não teve dificuldades para obter de La Spara algumas gotas do maravilhoso elixir cuja eficácia em mandar maridos cruéis ao "descanso perpétuo" era tão celebrada pelas damas romanas.

O líquido obtido foi examinado, e constatou-se, como se suspeitava, tratar-se de um veneno lento – claro, sem gosto e limpo. Com essa prova, a polícia cercou a casa e prendeu La Spara e suas cúmplices. Mesmo sujeita à tortura, ela se recusou a confessar a própria culpa. Mas uma das mulheres, chamada La Gratiosa, foi menos firme e confessou todos os segredos da irmandade infernal. La Spara, La Gratiosa e três outras mulheres que haviam envenenado os maridos foram enforcadas em Roma. Trinta mulheres foram publicamente açoitadas; e várias outras cuja posição elevada protegia de penas mais degradantes foram banidas do país e punidas com multas pesadas. Alguns meses depois, mais nove mulheres foram enforcadas, e outras tantas, inclusive muitas garotas jovens e belas, foram açoitadas seminuas nas ruas de Roma.

Essa severidade não pôs fim à prática, e mulheres ciumentas e homens avarentos, ansiosos para receber a herança de pais, tios ou irmãos, continuaram a recorrer ao veneno, que, como era sem gosto, sem cor e sem cheiro, era administrado sem levantar suspeitas. Os habilidosos vendedores fabricavam-nos com diferentes graus de potência, de modo que bastava aos envenenadores dizer se queriam que suas vítimas morressem em uma semana, um mês ou seis meses para receber a dose adequada. Os vendedores, em sua maioria, eram mulheres, das quais a mais célebre era uma bruxa chamada Tophania, que ajudou a causar, por esse meio, a morte de mais de seiscentas pessoas. Ao que parece, ela lidava com venenos desde a infância. Conta-se que o veneno que produzia era vendido com o nome de *aqueta*, ou aguinha, e que Tophania enviou grandes quantidade dele para toda a Itália em pequenos frascos com a inscrição "Maná de São Nicolas de Barri".

O túmulo de São Nicolas de Barri era celebrado por toda a Itália. Afirmava-se que escorria dele um misterioso óleo que curava quase todas as moléstias de que a carne é herdeira, contanto que o receptor fizesse uso dele com o devido grau de *fé*. La Tophania astutamente deu

106

esse nome ao veneno que produzia para escapar dos guardas, que, como todas as outras pessoas, tinham piedoso respeito por São Nicolas de Barri e seu maravilhoso óleo.

O veneno era similar àquele fabricado por La Spara. Afirma-se que era produzido com sais arsênicos neutros, e ocasionava à vítima perda gradual de apetite, tontura, dores corrosivas no estômago, perda de força e desgaste dos pulmões. Os napolitanos o chamavam de Aqua Toffnina, e ele se tornou notório em toda a Europa com o nome de Aqua Tophania.

Frasco do famoso veneno Aqua Tophania.

Embora essa mulher tenha empreendido um tráfico tão amplo, era dificílimo encontrar-se com ela. Em constante pavor de ser descoberta, ela vivia mudando de nome e de residência. Fingindo ser muito religiosa, residia em monastérios por meses a fio. Sempre que ficava com mais medo que o normal de ser pega, ela buscava proteção eclesiástica. Ciente da busca do vice-rei de Nápoles, ela se refugiou em um mosteiro, e assim conseguiu escapar das autoridades por vários anos. De modo ainda mais extraordinário, o comércio dela prosseguiu no mesmo grau de antes. Quando pobres esposas que odiavam os maridos e queriam se livrar deles não tinham meios de adquirir a maravilhosa *aqua*, La Tophania era tomada de tal compaixão que lhes dava a poção de presente.

Por fim, ela foi descoberta em um convento. O vice-rei fez várias petições à abadessa para entregá-la, mas sem efeito — apoiada pelo arcebispo da diocese, a superiora recusou todas. A curiosidade pública ficou tão excitada em consequência da importância adquirida desse modo por uma criminosa que milhares de pessoas visitaram o convento para ter um vislumbre dela.

A paciência do vice-rei pareceu ter se esgotado com essas demoras. Sendo homem de bom senso e um católico não muito zeloso, ele determinou que nem mesmo a Igreja podia abrigar criminosa tão atroz. Desse modo, desafiando os privilégios do convento, ele enviou uma tropa de soldados que invadiu o edifício e a prendeu. Profundamente indignado, o arcebispo ameaçou excomungar toda a cidade. Os membros inferiores do clero, animados pelo *esprit du corps*, abraçaram a questão e influenciaram o povo supersticioso e fanático a ficar de prontidão para tomar o palácio do vice-rei e libertar a prisioneira.

Esses problemas eram graves, mas o vice-rei não era homem que se assustasse. Aliás, ao que parece, ele conduziu a questão com uma rara união de astúcia, frieza e energia. Para evitar as consequências maléficas da excomunhão, o vice-rei colocou um guarda em volta da casa do arcebispo, julgando que ele não seria tolo ao ponto de lançar um anátema que condenaria toda a cidade, com ele dentro, a morrer de fome, pois os mercadores não ousariam levar provisões a uma cidade excomungada. Como o vice-rei previu, o bom cardeal reservou seus trovões para outra ocasião.

Mas ainda havia o problema do povo. Para aquietar o clamor e evitar a insurreição iminente, os agentes do governo se misturaram habilmente ao povo e colocaram em circulação o boato de que Tophania havia envenenado todos os poços e fontes da cidade. Foi o bastante. O sentimento popular se voltou contra ela de imediato. Aqueles que um segundo antes consideravam-na uma santa agora a viam como o próprio diabo, e desejavam tanto sua punição quanto antes desejavam sua fuga. Torturada, Tophania confessou seu longo catálogo de crimes e nomeou todas as pessoas que haviam empregado seus serviços. Pouco depois, ela foi estrangulada, e seu corpo, lançado, por cima do muro, no jardim do convento onde tinha sido presa. Isso parece ter acalmado o clero, ao permitir-lhe, pelo menos, enterrar aquela que havia buscado refúgio no recinto.

VENENOS LENTOS EM NOSSA SOCIEDADE

Há tantos assassinatos anuais no Brasil, realizados por tantos meios e por motivos tão banais, que os casos de envenenamento acabam tornando-se apenas uma gota no oceano da nossa barbárie. Aqui, em vez de mulheres que desejam livrar-se dos companheiros, eles envolvem madrastas que desejam se ver livres dos enteados, ou esposas furiosas que buscam vingar-se da amante do marido. E, como a prática da confissão caiu em desuso neste país católico, os padres já não podem dar o alarme.

No dia 30 de junho de 2009, Maria Eliane da Conceição, vinte e oito anos, moradora da cidadezinha de Goiorê, no Paraná, deixou os três filhos — Emilly, de um ano, Kemilly, de dois anos e meio, e Rafael, de nove anos — aos cuidados da vizinha Gislaine Aparecida Oliveira, de vinte e um anos, como fazia sempre que precisava sair. Ao voltar, Maria encontrou a caçula, Emilly, passando mal. Imediatamente levou a menina ao pronto-socorro, onde a criança passou por uma lavagem estomacal.

Em casa, Gislaine percebeu que a outra menina, Kemilly, também não estava bem, e a levou ao pronto-socorro. Emilly foi transferida para Maringá em estado grave e, depois de longo tratamento, conseguiu se recuperar. Kemilly não resistiu.

Examinando a residência, a Polícia Civil encontrou, em cima da mesa da cozinha, uma garrafa com um veneno agrícola e uma bomba para aplicá-lo. Segundo Gislaine, após aplicar o material numa horta, ela o deixou em cima da mesa e foi tomar banho. Assim, as crianças o teriam bebido por acidente.

Exames toxicológicos, no entanto, revelaram a presença do veneno na mamadeira das meninas. Acreditando que a mãe das crianças, Maria Eliane, seria amante de seu marido, Gislaine resolveu assassinar as garotinhas por vingança. Ela foi condenada a trinta anos de prisão em novembro de 2018, mas no dia 1º de setembro de 2019 foi assassinada na cadeia.

Outro caso igualmente macabro aconteceu em Dom Feliciano, no Rio Grande do Sul. Em maio de 2013, Kaíke Sodré Drosdosky, de quatro anos, começou a ter fortes dores no corpo seguidas de vômito. Pouco depois, não resistiu e morreu. Os médicos e parentes suspeitavam de intoxicação alimentar. Kaíke já estava sendo velado quando uma familiar apresentou à polícia dois potes de iogurte com estranhos furinhos na tampa, afirmando que a criança tinha sido envenenada. A delegada Vivian Sander Duarte solicitou imediatamente que o corpo fosse levado para a necropsia. Os testes acusaram a presença de carbofurano, um inseticida, no corpo de Kaíke. A análise dos potes de iogurte encontrou a mesma substância. O iogurte fora um "presente" da madrinha e tia do menino, Laura Fernandes da Luz Drosdosky, que foi presa. Segundo a ata do julgamento, o veneno foi inserido no pote de iogurte com uma seringa. O motivo do crime? Laura não gostava de Kaíke e o achava "mal-educado".

Ato contínuo, os parentes de Kaíke se lembraram de que a avó do menino, Cecília Drosdosky, de setenta e dois anos, que também era sogra da acusada, tinha morrido sem causa aparente quarenta e cinco dias antes de Kaíke, depois de tomar um chimarrão servido por Laura. Por se tratar de uma idosa, ninguém havia, à época, suspeitado de nada, mas, diante da constatação de que Laura envenenara Kaíke, a delegada Vivian Duarte pediu a exumação do corpo, e verificou-se a presença do veneno. Mais tarde, descobriu-se que Laura já havia tentado matar Claudiane, mãe de Kaíke, envenenando seu suco e seu chá.

Laura foi condenada a vinte e nove anos de prisão pelo assassinato de Kaíke, vinte e três anos e seis meses pelo de Cecília e dezesseis anos e quatro meses pela tentativa de assassinato de Claudiane. Ela cumpre pena no Presídio Feminino Madre Pelletier.

Um caso recente de envenenamento exibiu tanta crueldade e frieza que espantou até o delegado encarregado de investigá-lo. Como nos casos narrados por Mackay, a vítima passou meses de agruras sob os penosos efeitos do veneno. Como nos outros casos brasileiros, trata-se de uma criança.

Quando Mirella Poliane Chue de Oliveira, onze anos, deu entrada no hospital, em 14 de junho de 2019, já estava morta, de causa indeterminada. Como a instituição se recusou a declarar a morte, as autoridades foram acionadas para que o corpo pudesse ser liberado. A perícia detectou no cadáver um veneno que provoca intoxicação e morte. As investigações policiais concluíram que a criança havia sido envenenada pela madrasta, Jaira Gonçalves de Arruda. A motivação fora uma indenização de 800 mil reais que Mirella recebera em decorrência da morte da mãe por erro médico.

A criança foi contaminada com doses diárias do veneno, um agrotóxico de venda proibida no Brasil, de abril a junho de 2019. A crueldade do crime impressionou o delegado que investigou o caso, Francisco Kunze. Ele declarou ao jornal *Repórter MT*: "Uma coisa é você matar uma pessoa envenenada, outra é envenenar um pouco a cada dia, convivendo com a pessoa e vendo os sintomas, que eram sérios. A menina vomitava, espumava pela boca, desmaiava, tinha falta de ar, não conseguia falar, não conseguia andar e não controlava as fezes. É algo horrível de se ver, e ainda assim ela se manteve firme no propósito e a matou lentamente".

Durante os dois meses que o tormento de Mirella durou, ela foi internada nove vezes. Quando passava mal, era levada ao hospital, onde ficava de três a sete dias. Já que a administração do veneno cessava nesse período, ela melhorava. Quando tinha alta, porém, a madrasta voltava a envenená-la, e ela tornava a adoecer.

A polícia suspeita que Jaira Gonçalves, que está presa, também tenha assassinado o avô da criança, Edson Emanoel, morto em 2018. Como era ele que cuidava da neta enquanto vivo, Edson representava um obstáculo entre Jaira e o dinheiro da indenização. O inquérito está em andamento.

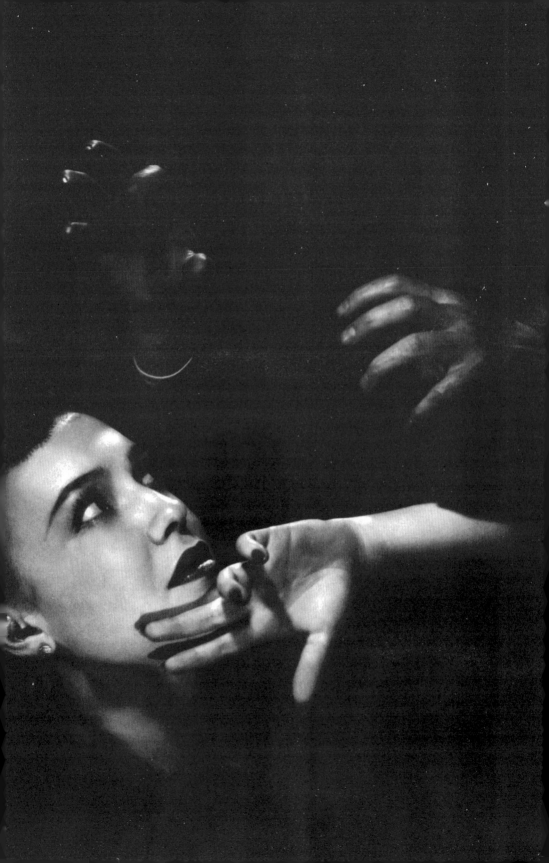

CAPÍTULO 5

CASAS MAL-ASSOMBRADAS

Quem nunca soube de casas fechadas e inabitáveis, caindo aos pedaços, empoeiradas e sombrias, das quais, à meia-noite, procedem sons estranhos — batidas aéreas, correntes a se arrastar e gemidos de espíritos perturbados —, casas pelas quais as pessoas acham que não é seguro passar depois do anoitecer, que permanecem anos sem alugar e que nenhum inquilino ocuparia, mesmo que fosse pago para isso? Hoje existem centenas de moradias na Inglaterra, na França, na Alemanha e em quase todos os países da Europa marcadas pelo medo — lugares que os mais temerosos evitam, e os piedosos, ao passar por eles, benzem-se, crendo-os residências de fantasmas e espíritos malignos. Existem muitas dessas casas em Londres; e se alguém que se vangloria do poder do intelecto se desse ao trabalho de descobri-las e contá-las, ficaria convencido de que o intelecto ainda precisa avançar muito antes que essas velhas superstições possam ser erradicadas.

Muitas casas foram condenadas como assombradas e evitadas pelos receosos e crédulos devido a circunstâncias insignificantes, que só requeriam, para que tudo se esclarecesse e o alarme se dissipasse, o exame de uma mente vigorosa. Uma delas, em Aix-la-Chapelle, uma grande construção de aparência desolada, permaneceu desabitada por cinco anos, devido às batidas misteriosas que nela eram ouvidas a toda hora do dia e da noite. Ninguém conseguia explicar os barulhos; e o medo tornou-se finalmente tão excessivo que os moradores das casas de ambos os lados da rua abandonaram o bairro e foram viver onde era menor a possibilidade de serem perturbados por espíritos malignos. Por ter ficado tanto tempo sem habitante, a casa se tornou uma ruína, tão suja, tão miserável e tão parecida com os lugares que se espera que os fantasmas assombrem, que poucos se arriscavam a passar por ela depois do pôr do sol. As batidas ouvidas em um dos quartos superiores não eram muito altas, mas muito regulares. Pelo bairro se dizia que frequentemente ouviam-se gemidos vindos dos porões, e viam-se luzes se movendo de uma janela para outra imediatamente após o sinal da meia--noite tocar. Relatou-se que espectros brancos giravam e tagarelavam nas janelas. Nenhuma dessas histórias resistia à análise, mas as batidas eram um fato que ninguém podia contestar, e várias tentativas ineficazes foram feitas pelo proprietário para descobrir a sua causa. As salas foram aspergidas com água benta — um padre ordenou, com os ritos apropriados, que os espíritos partissem dali para o Mar Vermelho —, mas as batidas ainda continuaram. Por fim, por causa de um acidente descobriu-se o que as causava, e a tranquilidade do bairro foi restaurada. Para se livrar de todo aborrecimento futuro, o proprietário, que sofria não apenas na mente, mas também no bolso, vendeu a construção por um preço absurdamente baixo. O novo proprietário estava parado em uma sala no primeiro andar quando ouviu a porta ser empurrada para baixo com um ruído considerável e depois se abrir imediatamente. Ele ficou parado observando por um minuto, e a mesma coisa ocorreu uma segunda e uma terceira vez. A seguir, o proprietário examinou a porta com atenção, e desvendou todo o mistério. A trava da porta havia quebrado, de modo que ela não trancava e girava sobre a dobradiça inferior. Logo em frente a ela havia uma janela com um vidro quebrado; e quando o vento estava em um determinado quadrante, a corrente de ar era tão forte que soprava a porta com certa violência. Não havendo trava, ela se abria de novo; e quando havia uma nova rajada de vento, batia mais uma vez. O novo proprietário não perdeu tempo em mandar chamar um vidraceiro, e os barulhos misteriosos cessaram para sempre. A casa foi remodelada e repintada, e recuperou o bom nome que perdera. Dois ou três anos depois, no entanto, ela voltou ao favor popular; e muitas pessoas, mesmo assim, continuaram

CASAS MAL-ASSOMBRADAS

evitando passar por ela se pudessem chegar ao seu destino por qualquer outra rua.

Uma história semelhante é narrada por sir Walter Scott em *Letters on Demonology and Witchcraft* [Cartas sobre demonologia e bruxaria], cujo herói era um cavalheiro de nascimento e distinção, bem conhecido no mundo político. Logo depois que ele conseguiu seu título e suas propriedades, houve um boato entre os empregados sobre um barulho estranho que costumava ser ouvido à noite na mansão da família e cuja causa ninguém conseguia determinar. O cavalheiro resolveu investigar pessoalmente e ficar de vigília para esse fim com um empregado que envelhecera na família e que, como o resto, havia sussurrado coisas estranhas segundo as quais a batida teria começado imediatamente após a morte de seu antigo mestre. Os dois ficaram de guarda até que o barulho fosse ouvido e, por fim, localizaram a sua origem em um pequeno depósito, do qual o velho mordomo tinha a chave, usado para guardar provisões de vários tipos para a família. Eles entraram lá e ali permaneceram por algum tempo, sem ouvir ruído algum. Por fim, o

Gravura do British Museum ilustrando a revolta das fadas.

som surgiu de novo, mas muito mais baixo do que quando estavam mais longe e com a imaginação mais fértil. Eles então descobriram a causa sem dificuldade. Um rato, preso em uma armadilha antiquada, ocasionou o barulho por seus esforços para escapar, mediante os quais conseguiu erguer a porta da prisão até certa altura, mas foi então obrigado a soltá-la. O barulho da queda ressoando pela casa ocasionara os rumores misteriosos, que, se não fosse a investigação do proprietário, na certa teriam dado a casa nome tão ruim que nenhum empregado a teria habitado. A circunstância foi contada a sir Walter Scott pelo cavalheiro que a vivenciara.

Mas, em geral, as casas que adquiriram má fama a devem mais à malandragem dos homens vivos do que a acidentes como esses. No ano de 1580, certo Gilles Blacre havia alugado uma casa nos arredores de Tours, mas, arrependendo-se do acordo que fez com o proprietário, Peter Piquet, esforçou-se para convencê-lo a cancelar o contrato. Peter, no entanto, estava satisfeito com o inquilino e com os termos acordados, e não quis fazer concessões. Pouco depois, espalhou-se por todo o país rumores de que a casa de Gilles Blacre estava assombrada. O próprio Gilles afirmou que realmente acreditava ser a casa o ponto de encontro geral de todas as bruxas e todos os espíritos malignos da França. O barulho era horrível e o impedia de dormir. Eles batiam contra a parede, uivavam nas chaminés, quebravam o vidro da janela, espalhavam panelas e frigideiras por toda a cozinha e faziam cadeiras e mesas dançarem a noite toda. Multidões se reuniram em torno da residência para ouvir os ruídos misteriosos. Observou-se que os tijolos se soltavam da parede e caíam nas ruas sobre a cabeça daqueles que não haviam rezado o pai-nosso pela manhã. Como essas coisas continuaram por algum tempo, Gilles Blacre apresentou queixa ao Tribunal Civil de Tours, e Peter Piquet foi convocado para argumentar por que o contrato não deveria ser anulado. O pobre Peter não conseguiu apresentar nenhuma defesa, e o tribunal concordou, por unanimidade, que nenhum contrato poderia ser válido nessas circunstâncias, e por consequência o anulou, condenando o infeliz proprietário a todas as despesas do processo. Peter apelou ao parlamento de Paris, que, após um longo exame, ratificou o contrato. "Não por não ter sido provado total e satisfatoriamente que a casa está assombrada por espíritos malignos",

CASAS MAL-ASSOMBRADAS

disse o juiz, "mas porque havia uma informalidade no processo perante o Tribunal Civil de Tours que tornava sua decisão nula e sem efeito".

Uma causa semelhante foi julgada no parlamento de Bordéus, no ano de 1595, em relação a uma casa naquela cidade que estava gravemente assombrada por espíritos malignos. O parlamento nomeou alguns clérigos para examiná-la e fazer um relatório. Com a afirmação deles de que a casa estava de fato assombrada, o contrato foi anulado, e o inquilino, absolvido de todo pagamento de aluguel e impostos.

Uma das melhores histórias de edifícios mal-assombrados é a do palácio real de Woodstock, no ano de 1649, durante a Guerra Civil Inglesa. Os comissários enviados de Londres pelo parlamento para tomar posse do local e apagar todos os emblemas da realeza foram expulsos de lá para sempre pelo medo do diabo e pelos incômodos que sofreram de um cavaleiro malandro, que fez admiravelmente bem o papel de diabo. Os comissários, que na época não temiam demônio algum, chegaram a Woodstock no dia 13 de outubro de 1649. Eles se alojaram nos apartamentos do falecido rei, transformaram os belos quartos e aposentos em cozinhas e copas, o salão do conselho em uma cervejaria e fizeram da sala de jantar um lugar para guardar lenha. Derrubaram todas as insígnias do Estado real e trataram com a máxima indignidade tudo o que lhes trazia à memória o nome ou a majestade de Carlos Stuart. Um certo Giles Sharp os acompanhou na qualidade de copista e apoiou seus esforços, aparentemente com o maior zelo. Ajudou-os a arrancar uma nobre árvore antiga, simplesmente porque era o carvalho *do rei*, e jogou os fragmentos na sala de jantar para fazer alegres fogueiras para os comissários. Durante os primeiros dois dias, eles ouviram alguns barulhos estranhos na casa, mas não lhes deram muita atenção. No terceiro, porém, começaram a suspeitar de que estavam em má companhia, pois ouviram, como pensavam, um cachorro sobrenatural debaixo do leito, que roeu suas roupas de cama. No dia seguinte, as cadeiras e as mesas começaram a dançar, aparentemente por vontade própria. No quinto dia, alguma coisa entrou no quarto e caminhou para cima e para baixo, e fez tanto barulho com uma panela que eles pensaram que cinco sinos de igreja tocavam em seus ouvidos. No sexto dia, as bandejas e os pratos foram jogados para cima e para baixo na sala de jantar. No sétimo, algo penetrou no quarto junto com várias toras de madeira, e usurpou os travesseiros macios destinados aos comissários. Na oitava e na nona noites, as hostilidades cessaram; mas no décimo dia, os tijolos das chaminés se tornaram como que locomotivas, chacoalharam e dançaram pelo chão, e rodearam a cabeça dos comissários a noite toda. No décimo primeiro dia, o demônio fugiu com as calças deles, e no décimo segundo colocou tantos pratos de estanho em suas camas que não era possível deitar nelas. Na décima terceira noite, o vidro foi inexplicavelmente tomado por estalidos e caiu em pedaços em todas as partes da casa. Na décima quarta, houve um barulho como se quarenta peças de artilharia tivessem sido disparadas, e uma chuva de pedras de seixo assustou tanto os comissários que, tomados de horror, eles passaram a gritar uns para os outros por socorro.

Eles experimentaram, em primeiro lugar, a eficácia das orações para afastar os maus espíritos; mas, provando-se isso inútil, passaram a refletir seriamente se não seria muito melhor deixar o local totalmente para os demônios que o habitavam. Resolveram por fim, no entanto, insistir um pouco mais; e, desejando o perdão de todos os seus pecados, foram para a cama. Naquela noite, dormiram com conforto tolerável, mas apenas como consequência de um truque do atormentador para lhes dar falsa segurança. Quando, na noite seguinte, não ouviram barulhos, começaram a lisonjear-se por ter expulsado o diabo e a preparar-se para ocupar os aposentos do palácio durante o inverno inteiro. Esses indícios, por sua vez, tornaram-se o sinal de renovado tumulto entre os demônios. No dia 1º de novembro, eles ouviram algo caminhando em ritmo lento e solene de lá para cá na sala, e logo em seguida uma chuva de pedras, tijolos, argamassa e cacos de vidro caiu-lhes sobre as orelhas. No dia 2, os passos foram ouvidos de novo na sala de retirada, parecendo muito com o pisar de um urso enorme, que continuou por cerca de um quarto de hora. Tendo cessado esse som, uma grande panela foi jogada violentamente sobre a mesa, seguida por várias pedras e a mandíbula de um cavalo. Alguns dos mais ousados entraram bravamente na sala, armados de espadas e pistolas — mas não conseguiram descobrir nada. Eles tiveram medo de dormir naquela noite e ficaram sentados, fazendo fogueiras em todos os cômodos e

CASAS MAL-ASSOMBRADAS

acendendo velas e lâmpadas em abundância, acreditando que, como os demônios amavam a escuridão, não perturbariam um grupo cercado com tanta luz. Mas estavam enganados: baldes de água desceram pelas chaminés e apagaram o fogo e as velas, sem que eles soubessem como. Alguns dos serventes que tinham ido dormir ficaram encharcados de água podre e se levantaram com muito medo, murmurando orações incoerentes e expondo aos olhos admirados dos comissários a roupa pingando líquido verde e as articulações vermelhas dos golpes que receberam, ao mesmo tempo, de algum algoz invisível. Enquanto falavam, houve um estrondo como o do mais alto trovão, ou o disparo de um parque inteiro de artilharia, diante do qual todos caíram de joelhos e imploraram a proteção do Todo-Poderoso. Um dos comissários levantou-se, enquanto os outros se mantinham ajoelhados, e perguntou em voz corajosa, e em nome de Deus, quem estava lá, e o que eles tinham feito para que fossem perturbados daquela maneira. Não houve resposta, e os ruídos cessaram por um tempo. Por fim, no entanto, como disseram os comissários, "o diabo voltou e trouxe sete demônios piores que ele". Estando novamente na escuridão, acenderam uma vela e a colocaram na porta, para que pudesse lançar uma luz sobre os dois cômodos ao mesmo tempo; mas de repente ela foi apagada, e um comissário disse que "tinha visto algo semelhante ao casco de um cavalo acertando a vela e o castiçal no meio da câmara, e depois fazendo três arranhões no rapé para apagá-lo". Diante disso, a mesma pessoa foi ousada ao ponto de sacar a espada; mas afirmou positivamente que mal a retirara da bainha quando uma mão invisível a segurou e brigou com ele pela arma; prevalecendo sobre ele, a mão o golpeou tão violentamente com o cabo que ele ficou atordoado. Então os barulhos recomeçaram; assim, de comum acordo, todos se retiraram para a câmara de presença, onde passaram a noite orando e cantando salmos.

Nesse ponto, eles já estavam convencidos de que era inútil lutar por mais tempo contra os poderes do mal, que pareciam determinados a tornar Woodstock sua propriedade. Essas coisas aconteceram no sábado à noite; e, repetindo-se no domingo, eles decidiram deixar o local imediatamente e retornar a Londres. Na terça-feira de manhã cedo, todos os preparativos estavam concluídos; e, sacudindo a poeira dos pés e devotando Woodstock e todos os seus habitantes aos deuses infernais, eles finalmente partiram.

Muitos anos se passaram antes que a verdadeira causa desses distúrbios fosse descoberta. Foi verificado, na Restauração, que tudo tinha sido obra de Giles Sharp, o fiel funcionário dos comissários. Esse homem, cujo nome verdadeiro era Joseph Collins, era um monarquista oculto e passara sua infância nos bosques de Woodstock — de modo que conhecia todos os buracos e recantos do lugar, e os numerosos alçapões e passagens secretas que abundavam no edifício. Os comissários, nunca suspeitando do verdadeiro estado de suas opiniões, mas crendo-o revolucionário até os ossos, depositaram nele confiança máxima — da qual ele abusou da maneira descrita acima, para sua grande diversão, e a dos poucos cavaleiros a quem confiou o segredo.

A mais famosa de todas as casas mal-assombradas adquiriu sua notoriedade bem mais tarde, e as circunstâncias relacionadas a ela são tão curiosas e oferecem um exemplo tão belo da credulidade fácil em que mesmo pessoas bem informadas e sensatas incorrem que merece uma pequena menção neste capítulo. O Fantasma de Cock Lane, como ficou conhecido, manteve Londres em tumulto por tempo considerável, e foi tema da conversa entre eruditos e analfabetos, e em todos os círculos, desde o do príncipe até o do camponês.

No início de 1760, residia em Cock Lane, na casa de certo Parsons, o secretário da paróquia do Santo Sepulcro, um corretor da bolsa chamado Kent. A esposa desse cavalheiro morrera no parto no ano anterior, e sua cunhada, Fanny, havia chegado de Norfolk para cuidar da casa. Eles logo conceberam uma afeição mútua, e cada um deles fez um testamento em favor do outro. Viveram alguns meses na casa de Parsons, que, sendo um homem necessitado, pediu dinheiro emprestado ao inquilino. Surgiu entre eles alguma diferença, em virtude da qual Kent deixou o imóvel e instaurou um processo judicial contra o secretário da paróquia para recuperar o dinheiro.

O assunto ainda estava pendente quando Fanny de súbito contraiu varíola; e, apesar de todo o cuidado e atenção, morreu em alguns dias e foi enterrada em uma abóbada sob a igreja de Clerkenwell. Parsons então começou a sugerir que a morte havia alcançado a pobre

Fanny de modo injusto, e que Kent fora acessório ao processo, devido à sua grande ânsia de tomar posse da propriedade que ela lhe legara. Nada mais foi dito por quase dois anos; mas ao que parece Parsons tinha um caráter tão vingativo que jamais esqueceu nem perdoou suas diferenças com Kent e a indignidade de ter sido processado pelo dinheiro emprestado. As fortes paixões do orgulho e da avareza trabalharam silenciosamente durante todo esse intervalo, traçando esquemas de vingança, mas descartando-os um após o outro como impraticáveis, até que, por fim, uma ideia notável se insinuou. Por volta do início do ano de 1772, espalhou-se por todo o bairro de Cock Lane o alarme de que a casa de Parsons estava assombrada pelo fantasma da pobre Fanny, e de que a filha de Parsons, uma garota de doze anos de idade, tinha visto o espírito e conversado com ele várias vezes, e que ele, além disso, contou que não havia morrido de varíola, como fora relatado, mas de envenenamento, pelas mãos de Kent.

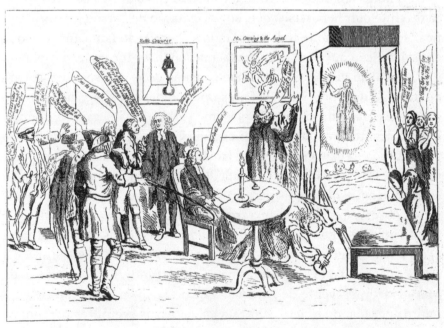

O fantasma de Cock Lane foi uma assombração que atraiu a atenção maciça do público em 1762.

A HISTÓRIA DAS ILUSÕES E LOUCURAS DAS MASSAS

Parsons, que dera início a esses boatos, teve o cuidado de confirmá-
-los; e em resposta a inúmeras perguntas, disse que sua casa era perturbada todas as noites havia dois anos — de fato, desde a morte de
Fanny — por uma batida forte nas portas e nas paredes. Tendo, por
esse meio, preparado os vizinhos ignorantes e crédulos para acreditar
no que ele lhes dissera ou exagerá-lo por conta própria, Parsons chamou um cavalheiro de uma classe superior para testemunhar essas
ocorrências extraordinárias. O cavalheiro veio e encontrou a filha de
Parsons, a única pessoa a quem o espírito aparecia e a única à qual
respondia, na cama, tremendo violentamente, pois acabara de ver o
fantasma, que afirmara mais uma vez ter morrido por envenenamento. Também ouviu-se uma batida forte em todas as partes do cômodo, o que mistificou tanto o entendimento já não muito claro do
visitante que, com medo de duvidar e vergonha de acreditar, foi embora, mas com a promessa de trazer no dia seguinte o clérigo da paróquia e vários outros cavalheiros para investigar o mistério.

Na noite seguinte, ele voltou, trazendo consigo três clérigos e cerca de vinte outras pessoas, que, sob orientação de Parsons, resolveram
ficar acordados a noite toda esperando a chegada do fantasma. Parsons
então explicou que, embora o fantasma jamais se tornasse visível para
ninguém além de sua filha, ele não tinha objeções a responder às perguntas que lhe poderiam ser feitas por qualquer dos presentes, e que
ele expressava uma afirmação por uma batida, uma negação por duas,
e seu descontentamento por uma espécie de arranhão. A criança foi então colocada na cama junto com a irmã, e os clérigos examinaram o leito e as cobertas para se certificarem de que não havia truques, com algo
escondido entre os lençóis para produzir as batidas. Como na noite anterior, observou-se que a cama tremia violentamente.

Depois de algumas horas, durante as quais todos esperaram com
paciência exemplar, ouviram-se na parede as batidas misteriosas, e a
criança declarou que via o fantasma da pobre Fanny. Então, por meio de
Mary Frazer, servente de Parsons, a quem se dizia que a falecida era
muito apegada, o clérigo, com gravidade, fez as seguintes perguntas,
respondidas, como de costume, por meio de batidas:

— Você causa esta perturbação devido ao mau tratamento que recebeu do sr. Kent?

"Sim."

— Você foi levada a um fim prematuro por veneno?

"Sim."

— Como o veneno foi administrado, na cerveja ou com agulha?

"Agulha."

— Quanto tempo passou até sua morte?

"Cerca de três horas."

— Sua ex-servente, Carrots, pode dar alguma informação sobre o veneno?

"Sim."

— Você é irmã da esposa de Kent?

"Sim."

— Você foi casada com Kent após a morte de sua irmã?

"Não."

— Você pode, se quiser, aparecer em forma visível para alguém?

"Sim."

— Você o fará?

"Sim."

— Você pode sair desta casa?

"Sim."

— É sua intenção seguir essa criança por toda parte?

"Sim."

— Agrada-lhe que estas perguntas lhe sejam feitas?

"Sim."

— Isso acalma sua alma perturbada?

"Sim."

[Aqui se ouviu um ruído misterioso, que alguns sabichões presentes compararam ao bater de asas.]

— Quanto tempo antes de sua morte você contou à sua servente, Carrots, que tinha sido envenenada? Uma hora?

"Sim."

[Carrots, que estava presente, foi interpelada; mas declarou que isso não era fato, pois a falecida estava completamente sem palavras uma hora antes de morrer. Isso abalou a fé de alguns dos espectadores, mas se autorizou que o exame continuasse.]

— Quanto tempo Carrots morou com você?

"Três ou quatro dias."

[Carrots foi de novo interpelada e disse que isso era verdade.]

— Se Kent for preso por esse assassinato, ele confessará?

"Sim."

— Sua alma repousaria se ele fosse enforcado por isso?

"Sim."

— Ele será enforcado por isso?

"Sim."

— Por quanto tempo ele ficará preso antes?

"Três anos."

— Quantos clérigos estão nesta sala?

"Três."

— Este relógio [levantado por um dos clérigos] é branco?

"Não."

— É amarelo?

"Não."

— É azul?

"Não."

— É preto?

"Sim."

[O relógio estava em um estojo preto escuro.]

— A que horas desta manhã você partirá?

A resposta a essa pergunta foram quatro batidas, ouvidas com muita clareza por todas as pessoas presentes; e, portanto, exatamente às quatro horas, o fantasma partiu para a hospedaria de Wheatsheaf ali perto, onde quase matou de medo o anfitrião e sua senhora, ao bater no teto acima da cama deles.

O boato dessas ocorrências logo se espalhou por Londres, e todos os dias Cock Lane ficava intransitável devido às multidões que se reuniam em torno da casa do secretário da paróquia, na expectativa de ver o fantasma ou ouvir as batidas misteriosas. Eles exigiam adentrar o

CASAS MAL-ASSOMBRADAS

recinto assombrado com tanto clamor que se julgou necessário, por fim, admitir apenas aqueles que pagassem uma determinada taxa, um arranjo muito conveniente para Parsons, necessitado e amante do dinheiro. De fato, para sua satisfação, as coisas haviam mudado bastante; ele não apenas se vingou, mas ainda obteve lucro com a vingança. O fantasma, em consequência, desempenhava suas bufonarias todas as noites, para grande diversão de muitas centenas de pessoas e grande perplexidade de um número ainda maior.

Infelizmente para o secretário da paróquia, porém, o fantasma foi induzido a fazer algumas promessas por meio das quais sua reputação foi completamente destruída. Em resposta às perguntas do reverendo Aldritch, de Clerkenwell, o fantasma prometeu que não só seguiria a filhinha de Parsons aonde quer que ela fosse como também acompanharia Parsons, ou qualquer outro cavalheiro, à abóbada da Igreja de São João, onde o corpo da mulher assassinada fora depositado, e lá notificaria sua presença por uma batida distinta no caixão. Como preliminar, a garota foi levada para a casa de Aldritch, perto da igreja, onde um grande grupo de senhoras e senhores, distintos em conhecimentos, posição ou riqueza, estavam reunidos. Por volta das dez horas da noite de 1º de fevereiro, a garota, trazida de Cock Lane em uma carruagem, foi colocada na cama por várias damas na casa de Aldritch; fez-se rigoroso exame das cobertas, para garantir que não havia nada escondido nelas. Enquanto os cavalheiros, em um cômodo adjacente, decidiam se deviam seguir em conjunto para a abóbada, foram convocados para o quarto pelas damas, que afirmaram, em grande alarme, que o fantasma havia chegado e que tinham ouvido as batidas e os arranhões. Os cavalheiros entraram, pois, determinados a não se deixar enganar. A garotinha, ao ser perguntada se vira o fantasma, respondeu: "Não; mas o senti nas costas como um rato". Ela foi então obrigada a colocar as mãos para fora da cama, e algumas das damas as seguraram, enquanto o espírito foi convocado da maneira usual para responder se estava no quarto. A pergunta foi formulada com grande solenidade várias vezes, mas não se ouviu em resposta a batida habitual nas paredes, nem houve arranhões. Solicitou-se ao fantasma que se tornasse visível, mas ele optou por não conceder a solicitação. Em seguida, foi solicitado que desse algum sinal de sua presença por algum som de qualquer espécie, ou tocando a mão ou a bochecha de qualquer senhora ou cavalheiro na sala, mas, mesmo com esse pedido, o fantasma não colaborou.

Houve agora uma pausa considerável, e um dos clérigos desceu as escadas para interrogar o pai da menina, que aguardava o resultado do experimento. Parsons negou com veemência que houvesse qualquer enganação e chegou ao ponto de dizer que ele próprio, em certa ocasião, vira o terrível fantasma e conversara com ele. Quando isso foi comunicado ao grupo, decidiu-se, por unanimidade, dar outra oportunidade ao fantasma; e o clérigo gritou para o suposto espírito que o cavalheiro a quem havia prometido aparecer na abóbada estava prestes a voltar àquele lugar, onde reivindicava o cumprimento de sua promessa. Uma hora depois da meia-noite, todos foram à igreja, e o cavalheiro em questão entrou com um outro na abóbada e assumiu sua posição ao lado do caixão da pobre Fanny. O fantasma foi então convocado a aparecer, mas não apareceu; foi convocado a bater, mas não bateu; foi convocado a arranhar, mas não arranhou; e os dois se retiraram do local com a firme convicção de que toda a coisa era um engodo praticado por Parsons e sua filha. Houve outros, no entanto, que não desejaram tirar conclusões tão rápidas, e que sugeriram que talvez estivessem brincando com esse ser terrível e sobrenatural que, ofendido com a presunção deles, não condescendia em responder-lhes. Mais uma vez, após uma consulta séria, foi acordado por todos que, se o fantasma respondesse a quem quer que fosse, seria a Kent, o suposto assassino; assim, solicitou-se que descesse à abóbada. Ele o fez em companhia de vários outros e convocou o fantasma a responder se ele realmente o havia envenenado. Não havendo resposta, a pergunta foi feita por Aldritch, que conjurou, se fosse de fato um espírito, que acabasse com as dúvidas deles dando um sinal de sua presença e apontando a pessoa culpada. Como não houve, mesmo assim, resposta nenhuma no espaço de meia hora, durante a qual todos esperaram com a mais louvável perseverança, eles voltaram para a casa de Aldritch e ordenaram que a menina se levantasse e se vestisse. Ela foi examinada rigorosamente, mas persistiu na afirmação de que não enganava ninguém e que o fantasma de fato aparecera para ela.

CASAS MAL-ASSOMBRADAS

Tantos haviam, pela crença expressa abertamente na realidade da visitação, se identificado com ela que Parsons e sua família estavam longe de ser os únicos interessados na continuidade da ilusão. O resultado do experimento convenceu a maioria, e essas pessoas não se deixariam convencer por nenhuma prova, por mais definitiva que

Credulidade, superstição e fanatismo, ilustração satírica do artista inglês William Hogarth.

fosse; assim, espalharam o boato de que o fantasma não aparecera na abóbada porque Kent tomara o cuidado de remover o caixão. Ele, cuja posição era muito dolorosa, imediatamente obteve testemunhas competentes, que estiveram presentes na abóbada e atestaram que o caixão de Fanny estava aberto. A seguir, o depoimento delas foi publicado, e Kent processou por conspiração Parsons e sua esposa, sua filha, Mary Frazer (a servente), o reverendo Moore e um comerciante, dois dos mais proeminentes patronos do engodo. O julgamento ocorreu no Tribunal de King's Bench no dia 10 de julho. Após uma investigação que durou doze horas, todos os conspiradores foram considerados culpados. O reverendo Moore e seu amigo foram censurados com severidade em corte aberta e instruídos a fazer alguma compensação pecuniária a Kent pelas calúnias que haviam ajudado a lançar sobre o caráter dele. Parsons foi condenado a permanecer no pelourinho três vezes e a dois anos de prisão; sua esposa, a um ano, e a servente, a seis meses. Um tipógrafo que fora empregado por eles para publicar um relato dos procedimentos para que obtivessem lucro foi multado em 50 libras e liberado.

O modo preciso pelo qual se realizou a farsa nunca foi explicado. As batidas na parede parecem ter sido obra da esposa de Parsons, enquanto os arranhões cabiam à garotinha. É espantoso que um plano tão tosco possa ter chegado a enganar alguém. Mas assim sempre é. Se apenas duas ou três pessoas liderarem qualquer absurdo, por maior que seja, certamente haverá imitadores. Como acontece com as ovelhas no campo, se uma única pessoa consegue passar pela cerca, o resto vai atrás.

CASAS MAL-ASSOMBRADAS NO BRASIL

O que há em comum entre os casos de edificações mal-assombradas do Brasil é que se trata, em geral, de locais onde ocorreram grandes sofrimentos ou tragédias. É como se as histórias de assombrações quisessem impedir que o sofrimento fosse esquecido. Portanto, vejamos alguns desses casos.

EDIFÍCIO JOELMA

No dia 1º de fevereiro de 1974, um incêndio tomou conta do Edifício Joelma, no centro de São Paulo, matando quase duzentas pessoas. O prédio ficou fechado para reformas por quatro anos, e foi então reaberto, com o nome de Praça da Bandeira. Desde então, relatam-se ali os mais estranhos fenômenos. Fantasmas que aparecem e desaparecem do nada, faróis que se acendem e se apagam sozinhos, gritos e gemidos de dor, fotografias nas quais aparece o que não deveria aparecer e não aparece o que deveria.

Já antes do incêndio, em verdade, o Joelma tinha fama de amaldiçoado, devido a um crime com os ares mais macabros que ocorrera no terreno em 1948. O professor Paulo Ferreira de Camargo, vinte e seis anos, matou a mãe e duas irmãs, e escondeu os corpos num poço que fora escavado para esse fim no quintal. Quando a polícia começou a cavar o poço em busca de vestígios, Paulo se suicidou. Ainda hoje, não se sabe por que o professor cometeu os assassinatos. E para complicar o cenário, um dos bombeiros que tinham feito o resgate no poço acabou morrendo de infecção cadavérica. Assim, circula a lenda de que o incêndio do edifício seria consequência da maldição desse crime.

O médium Chico Xavier publicou, no livro *Somos seis*, uma carta psicografada de uma das vítimas do Joelma, a digitadora Volquimar Carvalho dos Santos. A história deu origem ao filme *Joelma 23º Andar* (1979), dirigido por Clery Cunha. Durante as filmagens, um fotógrafo da equipe afirmou que apareceram, em fotos reveladas das cenas das mortes, rostos de espíritos que rondavam o set de gravações.

Há também a fantástica história das Treze Almas. Foram encontrados dentro de um elevador, nos escombros do Joelma, treze cadáveres. Como não havia meios, na época, de fazer a identificação das vítimas, os corpos foram enterrados lado a lado no Cemitério São Pedro, com a lápide "As Treze Almas". Logo, o zelador do cemitério e visitantes passaram a ouvir gritos e gemidos vindos das sepulturas. Como as vítimas tinham morrido queimadas, para "aliviar a dor dos mortos", eles jogaram água nos túmulos. Com isso, os gritos pararam. Desde então, o local atrai devotos que atribuem às treze almas várias graças alcançadas e, em gratidão, deixam um copo de água em cima de cada túmulo.

Em 2004, uma equipe do então prefeito José Serra trabalhou numa sala do Edifício Joelma — mas só depois de trazer uma monja budista para purificar o local.

O CASTELINHO DO FLAMENGO

Em 1916, o arquiteto italiano Gino Copede projetou para um grande industrial um eclético casarão no bairro do Flamengo, no Rio de Janeiro. Conhecido como "Castelinho", o edifício abriga atualmente o Centro Cultural Oduvaldo Vianna Filho.

Em 1932, o casal que era dono da propriedade, Avelino Fernandes e Rosalina Feu Fernandes, foi atropelado e morto em frente ao Castelinho. A filhinha deles, Maria de Lourdes, passou a ser criada por um tutor, que, após prendê-la na torre principal da construção, passou a maltratá-la e roubá-la. Ao morrer, triste e sozinha, conta-se, ela voltou para assombrar o lugar.

O Castelinho do Flamengo é uma construção tombada pela prefeitura do Rio de Janeiro e atualmente abriga um centro cultural.

Depois da morte de Maria de Lourdes, o prédio foi abandonado e passou a ser ocupado por moradores de rua. No entanto, eles não conseguiam permanecer lá, pois constantemente viam e ouviam uma garota vagar pelo local.

VIVENDA SANTO ANTÔNIO DE APIPUCOS

Quando escreveu o livro *Assombrações do Recife Velho*, Gilberto Freyre, um dos escritores mais importantes da história do Brasil, provavelmente não imaginava que sua própria casa se tornaria tema de histórias de assombrações.

Nos anos 1930, o escritor comprou a Vivenda Santo Antônio de Apipucos, um casarão colonial. Nos anos 1970, foi construída na propriedade uma piscina na área em que, na época colonial, ficava a senzala. Coincidência ou não, a partir daí, Cristina, a nora de Freyre, passou a notar um menino de cerca de dez anos de idade andando pela casa. Só quando a família mandou rezar uma missa pela alma do garoto a assombração desapareceu.

Ao que tudo indica, no entanto, os fantasmas pegaram gosto pela casa, que foi transformada, em 1987, na Fundação Gilberto Freyre, um museu da obra do escritor. Afirma-se, por exemplo, que Seo Neo, antigo funcionário da vivenda e escravo liberto, aparece às vezes sentado na entrada da casa. Funcionários da fundação também já relataram outros fenômenos estranhos, como lâmpadas que piscam sozinhas e até o aparecimento do espírito da esposa do escritor, Magdalena Freyre, no quarto do casal. Os restos mortais dela e de Gilberto estão em um memorial na Vivenda.

PALÁCIO UNIVERSITÁRIO DA UFRJ

Segundo o historiador Milton Teixeira, é antiga a fama de assombrado do atual Palácio Universitário da Universidade Federal do Rio de Janeiro. Ali funcionou por quase cem anos — de 1852 a 1944 — um hospício para o tratamento de doentes mentais. Entretanto, nos primeiros meses de suas atividades, muitos pacientes morreram devido às condições insalubres do lugar.

"Tenho muito medo de ficar aqui à noite sozinha", afirmou a auxiliar de serviços gerais Jéssica Cristina a uma reportagem do site G1. "Já ouviram barulho de tambor, passos. Já viram uma noiva. Eu mesma nunca vi nada além de vultos."

Após o fechamento do hospício, o prédio foi doado à Universidade do Brasil (atual UFRJ).

Palácio universitário da UFRJ

CAPÍTULO 6

AS CRUZADAS

Cada época tem seu desvario peculiar — algum esquema, projeto ou fantasia no qual mergulha, impulsionada pelo apego ao lucro, a necessidade de excitação ou a simples força da imitação. Fracassando nesses, resta-lhe alguma loucura à qual é aferroada por causas políticas, religiosas ou ambas. Uma por uma, todas essas causas influenciaram as cruzadas, e conspiraram para fazer delas o mais extraordinário exemplo já registrado do grau a que o entusiasmo popular pode ser levado. A história, em suas páginas solenes, informa-nos que os cruzados não passavam de homens ignorantes e selvagens, que suas motivações eram as do fanatismo inveterado, e que sua jornada era feita de sangue e lágrimas. Narrativas romanceadas, por outro lado, dilatam sua piedade e seu heroísmo, retratando com as tintas mais brilhantes e apaixonadas sua virtude e magnanimidade, a honra indestrutível que adquiriram e os grandes serviços que prestaram à cristandade. Nas páginas que se seguem, revisitaremos ambas as versões para descobrir o verdadeiro espírito que animou a heterogênea massa a pegar em armas a serviço da cruz, deixando que a história confirme os fatos, mas sem desdenhar o auxílio da poesia e das narrativas do período para lançar luz sobre sentimentos, motivos e opiniões.

Para compreender corretamente o sentimento público na Europa nos tempos em que Pedro, o Eremita, pregou a guerra santa, será necessário retornar para muitos anos antes desse evento. Devemos conhecer os peregrinos dos séculos VIII, IX e X, as histórias que contavam dos perigos pelos quais passaram e das maravilhas que viram. O hábito de peregrinar a Jerusalém parece ter sido característico, inicialmente, de convertidos judeus e devotos cristãos, que tinham tanto a imaginação fértil quanto a curiosidade natural de visitar cenários que lhes pareciam aos olhos mais interessantes do que quaisquer outros. Os devotos e os profanos afluíam a Jerusalém — aqueles para regalar a vista dos santos cenários da vida e do sofrimento de seu Senhor, estes porque logo se tornou consenso que a peregrinação era suficiente para apagar longas listas de pecados, por mais atrozes que fossem. Outra classe bastante numerosa de peregrinos era a dos ociosos e itinerantes, que visitavam a Palestina como os contemporâneos visitam a Itália ou a França, porque estava na moda e porque podiam satisfazer a própria vaidade contando, ao voltar, as aventuras vividas. Mas os piedosos de verdade compunham a grande maioria. O número deles aumentava a cada ano, até que por fim tornou-se grande ao ponto de lhes render o nome de "exército do Senhor". Cheios de entusiasmo, eles desafiavam o perigo e a dificuldade do caminho, demorando-se, com arrebatamento beato, em cada cenário descrito pelos evangelistas. Era, de fato, um êxtase para eles beber das águas claras do Jordão ou ser batizados com a mesma água com que João batizara o Salvador. Eles perambulavam com admiração e prazer pelas cercanias do Templo, do solene Monte das Oliveiras e do terrível Calvário, em que Jesus sangrara pelos pecadores. Para esses peregrinos cada objeto era precioso. Buscavam-se relíquias com avidez; jarros de água do Jordão e cestas do molde da colina da crucificação eram levados e vendidos a igrejas e mosteiros a preços extravagantes.

Por mais de duzentos anos, os peregrinos não encontraram obstáculos na Palestina. O esclarecido califa Harune Arraxide e seus sucessores mais imediatos encorajavam a corrente que levava tanta riqueza à Síria, e tratavam os viajantes com a maior das cortesias. O Califado Fatímida — que, embora em outros aspectos, era tão tolerante quanto o antecessor —, que tinha preocupação maior com dinheiro, ou menos escrúpulos para obtê-lo, impôs a tarifa de um besante* por peregrino

---

* Moeda de ouro do Império Bizantino. (N. do T.)

AS CRUZADAS

que entrasse em Jerusalém — o que foi um sério encargo para os mais pobres, que mendigavam por todo o exaustivo caminho ao longo da Europa e chegavam ao limite de suas esperanças sem absolutamente nada no bolso. Fez-se de imediato um grande protesto, mas mesmo assim a taxa continuou a ser rigorosamente cobrada. Os peregrinos eram compelidos a permanecer nos portões da Terra Santa até que algum devoto rico chegasse e pagasse a taxa por eles. Roberto da Normandia, pai de Guilherme, o Conquistador, que como muitos outros nobres de categoria elevada fez a peregrinação, encontrou dúzias de peregrinos nos portões esperando ansiosamente que ele chegasse e pagasse a taxa por eles. A dádiva não foi recusada em nenhuma ocasião.

As somas extraídas dessa fonte eram uma mina de riqueza para os governantes muçulmanos da Palestina, pois a taxa fora imposta numa época em que as peregrinações haviam se tornado mais numerosas do que nunca. Uma estranha ideia se apossara da mente popular no encerramento do século X e abertura do século XI. Era crença universal que o fim do mundo se aproximava; que os mil anos do Apocalipse estavam perto de completar-se, e que Jesus Cristo desceria sobre Jerusalém para julgar a humanidade. Toda a cristandade estava em comoção. O pânico se apossou dos fracos, dos crédulos e dos culpados, que naqueles dias compunham quase toda a população. Abandonando suas casas, parentes e ocupações, eles se amontoavam rumo a Jerusalém para esperar pela vinda do Senhor, aliviados, segundo imaginavam, de um fardo de pecados pela exaustiva peregrinação. Para aumentar o pavor, observaram-se estrelas caindo do céu, terremotos balançando a terra e violentos furacões derrubando as florestas. Tudo isso, em especial os fenômenos meteóricos, foi tomado como precursor do julgamento que se aproximava. Não passava um meteoro pelo horizonte sem que o distrito fosse tomado de alarme e multidões de peregrinos partissem para Jerusalém, com vara na mão e bolsa nas costas, rezando no caminho pela remissão de seus pecados. Homens, mulheres e até crianças empreenderam às manadas a atribulada jornada para a Terra Santa, na expectativa do dia em que os céus se abririam e o Filho de Deus desceria em sua glória. Essa extraordinária ilusão, ao mesmo tempo que aumentava o número de peregrinos, aumentava também suas agruras. Os

A HISTÓRIA DAS ILUSÕES E LOUCURAS DAS MASSAS

mendigos se tornaram tão numerosos em todas as estradas entre a Europa Ocidental e Constantinopla que os milhares de peregrinos tinham de subsistir de bagas que iam colhendo no caminho.

Mas essa não era a maior das dificuldades. Ao chegar a Jerusalém, eles descobriam que um povo mais rigoroso se apossara da Terra Santa. Os califas de Bagdá tinham sido sucedidos pelos rudes turcos da dinastia Seljúcida, que viam os peregrinos com desprezo e aversão. Os turcos do século XI eram mais ferozes e menos escrupulosos que os sarracenos do século X. O imenso número de peregrinos que abarrotava o lugar os perturbava, ainda mais porque não mostravam a menor intenção de ir embora. A expectativa de que o julgamento final viria na próxima hora fazia com que esperassem; e os turcos, temerosos de que as multidões ainda por chegar terminassem por expulsá-los da terra, enchiam-lhes o caminho de dificuldades. Todos os tipos de perseguições aguardavam os peregrinos, que eram roubados e espancados com cordas e mantidos em suspense por meses nos portões de Jerusalém, incapazes de pagar o besante de ouro que lhes franquearia a entrada.

Quando a primeira epidemia de terror com o dia do julgamento começou a arrefecer, alguns peregrinos resolveram voltar à Europa, com o coração inchado de indignação com os insultos sofridos. Por onde passavam, eles relatavam a uma plateia solidária os suplícios da cristandade. Por estranho que seja, até isso aumentou a febre da peregrinação. Quanto maiores os perigos do caminho, maiores as chances de expiar pecados que tinham marcado fundo. A dificuldade e a dor só aumentavam o mérito, e desse modo novas hordas partiam de todas as cidades e vilas para conquistar o favor dos Céus com uma visita ao Santo Sepulcro. Assim as coisas continuaram por todo o século XI.

A bomba que explodiria com tanto estrondo estava preparada, necessitando apenas da mão que ateasse fogo. E finalmente o homem certo para isso apareceu em cena. Como todos que alcançaram algum fim de grandeza semelhante, Pedro, o Eremita, se ajustava com perfeição à época — nem atrás dela nem à sua frente —, com perspicácia suficiente para penetrar em seu mistério antes que ele fosse descoberto por qualquer outro. Cheio de entusiasmo, fanático, cortês e, se não louco, não muito distante da loucura, ele era mesmo o protótipo do tempo. O

AS CRUZADAS

verdadeiro entusiasmo é sempre perseverante e sempre eloquente, e essas duas qualidades se uniam em grau fora do comum na pessoa desse pregador extraordinário. Monge em Amiens, antes de assumir o hábito ele servira como soldado. Pedro é retratado como feio e de baixa estatura, mas com um olhar de extraordinário brilho e inteligência. Contaminado com a mania daqueles tempos, visitou Jerusalém, e lá permaneceu até o sangue lhe ferver de ver a cruel perseguição infligida aos devotos. Ao retornar, ele abalou o mundo com a eloquente história dos agravos que sofreram.

Antes de entrar em mais detalhes sobre os assombrosos resultados de sua pregação, é aconselhável passar os olhos pelo estado mental da Europa, de modo a compreender ainda melhor as causas de seu sucesso. Em primeiro lugar, havia o clero, o qual, exercendo a influência mais conspícua sobre os destinos da sociedade, requer a maior parcela de atenção. A religião era a ideia governante da época, e o único agente civilizador capaz de domar os lobos que então constituíam o rebanho de fiéis. O clero era todo-poderoso, e embora mantivesse a mente popular na sujeição mais servil no que diz respeito a questões religiosas, fornecia ao povo os meios de defesa contra todas as outras opressões exceto a dele. Nas fileiras eclesiásticas se concentravam toda a verdadeira piedade, todo o conhecimento, toda a sabedoria da época; e, como consequência natural, uma grande porção de poder, que essa sabedoria mesma o incitava perpetuamente a ampliar. O povo não sabia nada de reis e nobres, exceto no que dizia respeito às agressões que lhe infligiam. Os primeiros governavam para — ou, mais exatamente, contra — os nobres, os quais existiam apenas para desafiar o poder dos reis, ou para pisotear com seu calcanhar de aço a garganta prostrada da democracia. O povo não tinha outro amigo além do clero, e este, embora necessariamente instilasse as superstições das quais não estava isento, ensinava apesar disso a animadora doutrina de que todos os homens são iguais aos olhos do Céu. Assim, enquanto o feudalismo dizia ao povo que não tinha direito nenhum neste mundo, a religião lhe dizia que teria todos no próximo. Com esse consolo ele ficava satisfeito, pois as ideias políticas ainda não haviam fincado nenhuma raiz. Quando o clero, por outras razões, recomendou a cruzada, o povo aderiu com entusiasmo. A questão da Palestina ocupava todas as mentes; dois séculos de histórias de peregrinos aqueciam todas as imaginações; e quando seus amigos, seus guias e seus professores pregaram à população uma guerra tão de acordo com seus próprios preconceitos e modos de pensar, o entusiasmo tornou-se um frenesi.

Mas, enquanto a religião inspirava as massas, outro agente agia sobre a nobreza. Seus membros eram ferozes e sem lei; maculados por todos os vícios, dotados de nenhuma virtude e redimidos por uma boa qualidade somente: a coragem. A única religião que sentiam era a do medo. Isso se somou à sua turbulência fervente para levá-los à Terra Santa. A maior parte deles tinha de responder por grandes pecados. Viviam com a mão levantada para todos os homens, sem outra lei além daquela das próprias paixões. Embora desafiassem abertamente o poder secular do clero, seu coração fraquejava diante das pavorosas imprecações do púlpito com relação à vida vindoura. A guerra era o negócio e a delícia de sua existência; e quando lhes foi prometida remissão de todos os pecados sob a cômoda condição de seguir sua inclinação favorita, não é de espantar que tenham corrido com entusiasmo para a carnificina e defendido com tanto zelo a causa da cruz quanto a grande maioria das pessoas que haviam sido levadas a isso por motivos mais puramente religiosos. Tanto o fanatismo quanto o amor pela batalha impeliram-nos à guerra, ao passo que os reis e príncipes da Europa tinham ainda um motivo a mais para encorajar seu zelo. O tato lhes abriu os olhos para as grandes vantagens que lhes adviriam da ausência de tantos homens turbulentos, intrigantes e sanguinários, cuja insolência exigia, para manter-se dentro dos devidos limites, mais que o pequeno poder da realeza. Assim, todos os motivos eram favoráveis às cruzadas. Todas as classes sociais tinham estímulos para participar da guerra ou encorajá-la; reis e clérigos por necessidades políticas, os nobres pela turbulência e o gosto pelo controle, e o povo pelo zelo religioso e o entusiasmo concentrado de dois séculos, dirigidos com habilidade pelas únicas pessoas que o instruíam.

Foi na própria Palestina que Pedro, o Eremita, concebeu a grande ideia de despertar os poderes da cristandade para resgatar os cristãos do Oriente do jugo dos muçulmanos e o sepulcro de Jesus das rudes

AS CRUZADAS

mãos dos infiéis. O tema absorveu toda a sua mente. Mesmo nas visões noturnas ele estava repleto dele. Um sonho lhe causou tamanha impressão que Pedro acreditou piamente que o próprio Salvador lhe apareceu diante dos olhos, e prometendo-lhe auxílio e proteção na santa empreitada. Se seu zelo tivesse esmorecido alguma vez antes, isso teria bastado para fortalecê-lo para sempre.

Depois de realizar todos os deveres e penitências da peregrinação, Pedro pediu um encontro com o patriarca da Igreja grega em Jerusalém. Embora fosse um herético aos olhos de Pedro, ele ainda era cristão, e sentia tanto pesar quanto ele pelas perseguições impostas aos seguidores de Jesus pelos turcos. O bom prelado compartilhou inteiramente de seu ponto de vista e, sob sua sugestão, escreveu cartas ao papa e aos monarcas mais influentes da cristandade detalhando as agruras dos fiéis e conclamando-os a pegar em armas para defendê-los. Pedro não postergava o trabalho. Despedindo-se afetuosamente do patriarca, retornou com toda pressa à Itália. O papa Urbano II ocupava o trono apostólico, que, na ocasião, passava longe da tranquilidade. Seu predecessor, Gregório, legara a ele uma série de conflitos com o imperador Henrique IV, da Alemanha, e ele transformara Felipe I, da França, em inimigo ao opor-se com vigor a uma ligação adúltera do monarca. Tantos perigos o cercavam que o Vaticano deixou de ser morada segura, e assim o papa se refugiou em Apúlia, sob proteção do célebre Roberto de Altavila. Pedro parece tê-lo seguido para lá, embora o local em que sua reunião ocorreu não seja declarado com precisão nem pelos cronistas antigos nem pelos historiadores modernos. Urbano recebeu-o com a maior gentileza; leu, às lágrimas, a epístola do patriarca, e ouviu a eloquente história do Eremita com uma atenção que mostrava a sua profunda solidariedade com os flagelos dos cristãos. O entusiasmo é contagiante, e o papa parece ter sido instantaneamente tomado pelo daquele homem cujo zelo era tão ilimitado. Concedendo-lhe amplos poderes, o papa enviou o Eremita ao exterior para pregar a guerra santa a todas as nações e todos os potentados da cristandade. O Eremita pregou, e incontáveis milhares responderam a seu chamado. França, Alemanha e Itália ergueram-se para ouvir sua voz, e começaram a se preparar para a libertação de Sião. Um dos primeiros historiadores da cruzada, que testemunhou com os próprios

A HISTÓRIA DAS ILUSÕES E LOUCURAS DAS MASSAS

olhos o arrebatamento da Europa, descreve a impressão que o Eremita causava. Parecia haver algo de divino em tudo o que ele dizia ou fazia. O povo o reverenciava tanto que arrancava pelos da crina de sua mula para mantê-los como relíquias. Enquanto pregava, ele costumava usar uma túnica de lã, com um manto de cor escura que ia até os calcanhares. Seus braços e pés ficavam descobertos, e ele não comia nem carne vermelha nem pão, mantendo-se principalmente à base de peixe e vinho. "De onde partiu", conta o cronista, "eu não sei; mas o vimos passar pelas vilas e cidades, pregando em toda parte, e o povo formando multidões ao seu redor, carregando-o com oferendas e celebrando sua santidade com louvores tão grandes que eu jamais vi dirigidos a ninguém". Assim ele prosseguiu, incansável, inflexível e cheio de devoção, comunicando sua própria loucura aos ouvintes, até que as profundezas da Europa se agitassem.

Enquanto o Eremita apelava ao povo com sucesso tão reluzente, o papa apelava com igual sucesso àqueles que se tornariam os chefes e líderes da expedição. O primeiro passo foi convocar um concílio em Placentia, no outono do ano de 1095. Aqui, na reunião do clero, o papa debateu o grande esquema e recebeu em audiência emissários que tinham sido enviados de Constantinopla pelo imperador do Oriente para detalhar o avanço feito pelos turcos no desígnio de estabelecer-se na Europa. O clero, é lógico, foi unânime no apoio à cruzada, e o concílio se dissolveu, com seus membros investidos de poder para pregá-la a seu povo.

Mas não se podia esperar que a Itália fornecesse todo o auxílio necessário; e o papa cruzou os Alpes para inspirar a feroz e poderosa nobreza e a cavalheiresca população da Gália. Sua ousadia em penetrar no território, e colocar-se em poder do rei Felipe, da França, seu adversário, não é a menos surpreendente das características de sua missão. Já se afirmou que somente o frio cálculo político o incitava, ao passo que outros asseveram que era simples zelo, tão cego e apaixonado quanto o de Pedro, o Eremita. Esse parece ser o caso. A sociedade não ponderou sobre as consequências do que estava fazendo. Todo homem parecia agir apenas por impulso; e o papa, ao jogar-se no coração da França, agiu por impulso tanto quanto os milhares que responderam ao seu chamado. Convocou-se um concílio em Clermont para considerar a situação da Igreja, reformar abusos e, sobretudo, fazer preparações para a guerra. Isso ocorreu em meio a um inverno extremamente frio, com o chão coberto de neve. Durante sete dias o concílio se reuniu a portas fechadas, ao passo que enormes multidões de todas as partes da França rumavam para a cidade, na expectativa de que o papa em pessoa falasse ao povo. Todas as cidades e vilas próximas, por quilômetros, achavam-se lotadas; até os campos estavam sobrecarregados de pessoas, as quais, sem conseguir encontrar hospedagem, armaram suas barracas debaixo de árvores e às margens de estradas. Toda a vizinhança tinha o aspecto de um vasto acampamento.

Durante os dias de deliberação, foi aprovada a excomunhão do rei Felipe por adultério com Bertrade de Montfort, condessa de Anjou, e por desobediência à autoridade suprema da sé apostólica. Essa medida ousada encheu o povo de reverência pela Igreja, que se mostrara

Pedro, o Eremita, pregando na Primeira Cruzada.

rigorosíssima no cumprimento do dever, sem se intimidar diante de pessoas poderosas. Seu amor e seu medo cresceram em igual medida, o que o preparou para ouvir com devoção mais intensa a pregação de pastor tão correto e inflexível. A grande praça diante da catedral de Clermont se tornava mais densamente povoada a cada instante, à medida que se aproximava a hora em que o papa falaria ao povo. Surgindo da igreja em seus adornos canônicos, o papa se pôs diante da população em uma plataforma elevada erigida para a ocasião e coberta de tecido escarlate. Um brilhante esquadrão de bispos e cardeais o cercava; entre eles, de posição mais baixa na hierarquia, mas mais importante aos olhos do mundo, Pedro, o Eremita, vestido com seu hábito simples e austero. Os historiadores não sabem ao certo se ele falou à multidão, mas como todos concordam que ele estava presente, parece razoável supor que sim. Mas foi a oração do papa a mais importante. Quando ele levantou as mãos para pedir atenção, todas as vozes imediatamente se calaram. Sua Santidade começou detalhando os infortúnios sofridos por seus irmãos na Terra Santa: como as planícies da Palestina tinham sido devastadas pelos ultrajantes pagãos, que com a espada e o tição levaram lamúrias às moradas e chamas às propriedades dos fiéis; como esposas e filhas cristãs eram desonradas pela luxúria pagã; como os altares do verdadeiro Deus eram profanados, e as relíquias dos santos, pisoteadas. "Vós", prosseguiu o eloquente pontífice (e Urbano II era o homem mais eloquente da época), "vós que me ouvis, e que recebêreis a verdadeira fé e que fôreis dotados por Deus de poder, força e grandeza de alma — cujos ancestrais foram o esteio da cristandade e cujos reis puseram freio aos avanços dos infiéis —, eu vos convoco a limpar essas impurezas da face da Terra e a erguer seus irmãos em Cristo das profundezas do espezinhamento. O sepulcro de Cristo está sob posse dos pagãos, os locais sagrados foram desonrados pela vileza deles. Oh, bravos cavaleiros e povo fiel! Descendentes de pais invencíveis! Vós não negareis vosso antigo renome. Não vos furtareis de embarcar nessa grande causa pelos tenros laços que os unem a esposa e pequeninos, mas vos lembrareis das palavras do próprio Salvador do mundo: 'Quem quer que ame pai e mãe mais do que a mim não é digno de mim. Quem abandonar por mim sua casa, ou seus irmãos, ou suas irmãs, ou seu

AS CRUZADAS

pai, ou sua mãe, ou sua esposa, ou seus filhos, ou suas terras, receberá cem vezes mais, e herdará a vida eterna'".

A paixão do pontífice transmitiu-se à multidão, e o entusiasmo do povo explodiu várias vezes antes que ele concluísse o discurso. Urbano prosseguiu relatando as vantagens não apenas espirituais como temporais que recairiam sobre aqueles que pegassem em armas a serviço da cruz. A Palestina era, afirmou, uma terra da qual jorravam leite e mel, e preciosa na visão de Deus, por ser cena dos grandes eventos que salvaram a humanidade. A terra, o papa prometeu, seria dividida entre eles. Além disso, eles teriam perdão total de todas as suas transgressões, tanto contra Deus quanto contra os homens. "Ide, pois", acrescentou, "em expiação de vossos pecados; e com a certeza de que depois que este mundo tiver passado, a glória imperecível será vossa no mundo vindouro". O entusiasmo não podia mais ser contido, e gritos interromperam o orador, o povo exclamando em uma única voz: *"Deus vult! Deus vult!".* ["É a vontade de Deus! É a vontade de Deus!"] Com grande presença de espírito, Urbano II tirou proveito da explosão, e assim que se obteve silêncio, ele continuou: "Queridos irmãos, hoje se mostra em vós aquilo que o Senhor disse por seus evangelistas: 'Quando dois ou três se reunirem em meu nome, eu estarei no meio deles para abençoá-los'. Se o Senhor Deus não estivesse em vossas almas, não teríeis todos pronunciado as mesmas palavras; pois foi antes o próprio Deus que as pronunciou por vossos lábios, pois foi Ele que as pôs em vossos corações. Sejam elas, pois, vosso grito de guerra no combate, pois essas palavras vieram de Deus. Que o exército do Senhor, quando avançar sobre seus inimigos, não grite senão isto: que quem quer que esteja inclinado a devotar-se a essa causa sagrada faça dela um compromisso solene, e carregue a cruz do Senhor ou em seu peito ou em sua testa até partir, e que aquele que estiver pronto para começar sua marcha coloque o emblema sagrado sobre os ombros, em memória do preceito do nosso salvador: 'Aquele que não tomar sua cruz e me seguir não é digno de mim'".

As notícias desse concílio se espalharam para as partes mais remotas da Europa num espaço de tempo incrivelmente curto. Muito antes que o mais veloz homem a cavalo pudesse transmitir a notícia, ela

A HISTÓRIA DAS ILUSÕES E LOUCURAS DAS MASSAS

já era conhecida pelo povo nas mais distantes províncias, fato que foi considerado nada menos do que sobrenatural.

Por vários meses depois do concílio de Clermont, a França e a Alemanha apresentaram um espetáculo singular. Os pios, os fanáticos, os necessitados, os dissolutos, os mancos, os jovens e os velhos, até mulheres e crianças, alistaram-se às centenas. Em cada vila o clero se encarregou de manter a excitação, prometendo recompensas eternas àqueles que tomassem a cruz vermelha, e lançando as mais pavorosas imprecações contra todos os mundanos que se recusavam a fazê-lo ou mesmo hesitavam. Todo devedor que se juntava à cruzada era liberado pelo édito papal das demandas dos credores; criminosos de todos os matizes passavam a estar em igualdade de condições com os honestos. As propriedades daqueles que iam foram colocadas sob proteção da Igreja, e acreditava-se que São Paulo e São Pedro em pessoa desciam para vigiar os bens dos peregrinos ausentes.

Todos aqueles que tinham algo de valor correram a trocá-lo por dinheiro vivo. Terras e casas podiam ser compradas por um quarto do seu valor, ao passo que armas e artefatos de guerra subiram na mesma proporção. Os grãos, que estavam caríssimos em antecipação de um ano de escassez, de súbito se tornaram abundantes. Nobres hipotecaram suas terras a judeus e descrentes por valores irrisórios, ou conferiram cartas de imunidade a vilas e comunas dentro de seus domínios por somas que, alguns anos antes, teriam rejeitado com desdém. O agricultor empenhou-se em vender seu arado, e o artesão, suas ferramentas, para comprar uma espada para a libertação de Jerusalém. As mulheres se desfizeram de suas coisas com o mesmo propósito. Na primavera e no verão desse ano (1096), as estradas se encheram de cruzados, todos correndo para as cidades e vilas apontadas como ponto de encontro do distrito. Alguns vinham a cavalo, outros em carroças, e alguns pelos rios, em botes, trazendo mulher e filhos, todos ansiando ir a Jerusalém. Pouquíssimos sabiam onde Jerusalém ficava. Alguns achavam que a 150 mil quilômetros, outros imaginavam que a uma jornada de um mês, e assim, diante de cada cidade ou castelo, as crianças perguntavam: "Jerusalém é aqui? É esta a cidade?". Grupos de cavaleiros e nobres podiam ser vistos viajando para o Oriente, e divertindo-se praticando falcoaria para aliviar as fadigas do caminho.

Guiberto de Nogent, que não escreveu de ouvir dizer, mas de observações factuais, diz que o entusiasmo era tão contagiante que, quando alguém ouvia as ordens do pontífice, ia imediatamente conclamar amigos e vizinhos a se juntar a ele no "caminho de Deus", pois assim era chamada a expedição proposta. Os condes palatinos ficaram inflados de desejo de realizar a jornada, e os cavaleiros inferiores foram animados do mesmo zelo. Mesmo os pobres se tornaram tão ardentemente inflamados que ninguém parava para considerar a inadequação de seus meios ou a conveniência de abrir mão de sua casa, de sua vinha e de seus campos. Cada um corria para vender sua propriedade como se estivesse num cativeiro horrendo e procurasse pagar o resgate sem demora. Aqueles que não tinham decidido empreender a jornada zombavam e riam daqueles que se desfaziam de suas propriedades a preços tão ruinosos, profetizando que a expedição seria terrível, e o retorno, pior. Mas eles mantinham esse linguajar só por um dia. No seguinte, eram de súbito presas do mesmo frenesi dos demais. Aqueles cuja zombaria fora mais patente cediam seus bens por alguns tostões e partiam com aqueles de que tanto tinham rido algumas horas antes. Na maior parte dos casos, a risada se voltava contra eles, pois quando se sabia que um homem se achava hesitante, seus vizinhos mais zelosos o presenteavam com agulhas de costura ou uma roca para mostrar seu desprezo por ele. Não havia como resistir a isso, de modo que o medo do ridículo contribuiu com sua parte para os exércitos do Senhor.

Outro efeito da cruzada foi a reverência religiosa com a qual inspirou no povo e na nobreza obediência à singular instituição da "Trégua de Deus". No começo do século XI, o clero da França, solidarizando-se com as agruras do povo, mas incapaz de diminuí-las reprimindo a rapacidade e a insolência dos senhores feudais, empenhou-se em promover a boa vontade universal pela promulgação da famosa "Paz de Deus". Todos os que se conformavam a ela faziam o juramento de não se vingar de nenhuma ofensa, nem de gozar dos frutos de propriedades usurpadas de outros, nem de usar armas mortais; em recompensa, receberiam remissão de seus pecados. Por mais benevolente que fosse a intenção, essa "Paz" não levou a nada além de perjúrio, e a violência reinava tão descontrolada quanto antes. No ano de 1041, outra tentativa foi feita para abrandar as paixões raivosas dos senhores semibárbaros, e a "Trégua de Deus" foi solenemente proclamada. A trégua durava da noite de quarta-feira à manhã de segunda de cada semana, intervalo no qual era estritamente proibido recorrer à violência sob qualquer pretexto, ou procurar vingança por qualquer ofensa. Era impossível civilizar os homens por semelhantes meios; poucos sequer prometiam tornar-se pacíficos por um período tão exorbitante quanto cinco dias por semana; ou, se prometiam, tiravam amplo atraso nos dois dias que lhes ficavam abertos. Mais tarde, a trégua foi encurtada da noite de sábado à manhã de segunda; mas a consequência foi pouca ou nenhuma diminuição da violência e do derramamento de sangue. No concílio de Clermont, Urbano II de novo proclamou solenemente a trégua. O sentimento religioso estava tão forte que todos correram para obedecer. Todas as paixões menores desapareceram diante da grande paixão da cruzada; os nobres deixaram de oprimir, os ladrões, de espoliar, e o povo, de queixar-se; somente uma ideia morava em todos os corações, e não parecia haver espaço para nenhuma outra.

Os acampamentos dessas multidões heterogêneas ofereciam um singular espetáculo. Os vassalos que se colocavam sob a bandeira de um senhor erigiam tendas em volta de seu castelo; ao passo que aqueles que iam para a guerra por conta própria erigiam tendas e barracas nos arredores das cidades e vilas, preparando-se para juntar-se a algum líder popular da expedição. Os prados da França estavam cobertos de tendas. E uma vez que os beligerantes teriam remissão de todos os pecados na chegada à Palestina, centenas deles entregaram-se à mais desmedida licenciosidade: a cortesã, com a cruz vermelha em seus ombros, exercia seu negócio com peregrinos sensuais, sem escrúpulos de nenhum dos lados; o amante das festanças deixou o apetite de rédeas soltas, e bebedeira e devassidão floresceram. Seu zelo no serviço do Senhor limparia todas as faltas e loucuras, e eles tinham a mesma certeza da salvação que o rigoroso anacoreta. Esse raciocínio encantava os ignorantes, e o som da folia obscena e a voz da oração subiam do campo no mesmo instante.

A CRUZADA POPULAR

Agora é hora de falar dos líderes da expedição. Grandes multidões colocaram-se sob o comando de Pedro, o Eremita, que, por ter dado origem a ela, consideravam o líder mais adequado para a guerra. Outros juntaram-se à bandeira de um ousado aventureiro que a história dignificou com o nome de Gautier Sans-Avoir, ou Gualtério Sem-Haveres, mas que costuma ser retratado como membro de uma família nobre e muito versado na arte da guerra. Uma terceira multidão, na Alemanha, pôs-se sob o estandarte de um monge chamado Gottschalk do qual nada se sabe, exceto que era dos mais profundos fanáticos. Todos esses bandos, que, somados, teriam chegado a 300 mil homens, mulheres e crianças, eram compostos dos mais vis vagabundos da Europa. Sem disciplina, princípios nem verdadeira coragem, eles avançavam pelas nações como uma pestilência, espalhando terror e mortes aonde quer que fossem. A primeira multidão a partir foi liderada por Gualtério Sem-Haveres no início da primavera de 1096, poucos meses depois do Concílio de Clermont. Cada homem daquela hoste irregular aspirava a ser seu próprio mestre: como o líder nominal da expedição, cada um deles estava na penúria e confiava, para subsistir na jornada, nas oportunidades da estrada. Passando pela Alemanha como uma maré, eles entraram na Hungria, onde, de início, foram recebidos com algum grau de gentileza pelo povo, que ainda não havia sido inflamado com quantidade suficiente do fogo do entusiasmo para juntar-se à cruzada, mas se dispunha a contribuir para a causa ajudando aqueles que haviam embarcado nela. No entanto, esse feliz acordo não durou muito. O enxame não se contentou em receber alimentos de acordo com o que necessitava, mas almejou também luxos: eles atacaram e saquearam as moradias, e não viram problema em matar quando encontraram resistência. Quando chegaram a Semlin, os ultrajados húngaros, reunidos em grandes números, atacaram a retaguarda das hostes cruzadas, chacinaram grande quantidade dos retardatários e, tomando suas armas e cruzes, afixaram-nas como troféus nos portões da cidade. Ao que parece, Gualtério não estava em condições de fazer represálias; pois seu exército, destrutivo como uma nuvem de gafanhotos quando

A HISTÓRIA DAS ILUSÕES E LOUCURAS DAS MASSAS

impulsionado pela pilhagem, era inútil contra qualquer ataque regular de um inimigo determinado. Sua retaguarda, pois, continuou a ser assaltada pelos húngaros furiosos até que estivessem totalmente fora do território. Ao entrar na Bulgária, o bando não teve recepção melhor: as cidades se recusaram a deixá-lo passar; as vilas lhe negaram provisões; e a união dos citadinos e dos interioranos massacrou os peregrinos às centenas. O progresso do exército parecia mais uma retirada que um avanço; mas como era impossível permanecer parado, Gualtério continuou seu curso até chegar a Constantinopla, com um contingente que a fome e a espada tinham reduzido a um terço do tamanho original.

A multidão maior, liderada pelo entusiasmado Eremita, seguiu em seus calcanhares, com volumoso conjunto de bagagem e de mulheres e crianças, suficiente para formar uma hoste própria. Se era possível encontrar turba mais vil que o exército de Gualtério Sem-Haveres, era aquela liderada por Pedro, o Eremita. Mais guarnecido de meios, ele não foi reduzido à necessidade de pilhagem na passagem pela Hungria; houvesse seguido qualquer outra rota que não aquela que atravessava Semlin, talvez tivesse conseguido transpor o país sem agressões. Ao chegar àquela cidade, a visão das armas e cruzes de seus predecessores penduradas como troféus nas muralhas despertou a fúria reprimida dos cruzados, que explodiu. A cidade foi atacada num grande tumulto, e com a entrada dos agressores à força não de coragem e sim de números superiores, ela foi entregue a todos os horrores que resultam da união entre Vitória, Brutalidade e Licenciosidade. Permitiu-se que todas as más paixões se refestelassem impunes, e a vingança, a luxúria e a avareza fizeram, cada uma delas, sua centena de vítimas na infeliz Semlin. Qualquer maníaco pode acender uma conflagração, mas são necessários muitos homens prudentes para apagá-la. Pedro, o Eremita, havia inflamado a fúria popular, mas esfriá-la estava além de seus poderes. Seus seguidores fizeram arruaças sem contenção, até que o medo de retaliações os levou a desistir. Quando o rei da Hungria foi informado dos desastres de Semlin, marchou com força suficiente para disciplinar o Eremita, que ao saber disso desmontou o acampamento e se retirou rumo ao Morava, uma corrente ampla e rápida que se junta ao Danúbio algumas milhas ao leste de Belgrado. Ali esperava por ele um grupo de

AS CRUZADAS

búlgaros indignados, que o assediou ao ponto de tornar a travessia do rio uma tarefa tão difícil quanto perigosa. Grandes quantidades de seus enfeitiçados seguidores pereceram nas águas, e muitos caíram sob as espadas dos búlgaros. Os cronistas antigos não citam a quantidade da perda de Pedro nessa travessia, mas relatam que foi muito grande.

Em Nissa, o duque da Bulgária se fortificou, temendo um assalto; mas Pedro, depois de adquirir um pouquinho de sabedoria por experiência, achou melhor evitar hostilidades, e passou três noites de calma debaixo das muralhas. O duque, não desejando exasperar sem necessidade hoste tão feroz e larápio, permitiu que o povo da cidade lhe fornecesse provisões. Pedro partiu pacificamente na manhã seguinte, mas alguns alemães vagabundos que haviam se extraviado do corpo principal do exército incendiaram os moinhos e a casa de um búlgaro com o qual, ao que parece, tinham tido alguma discussão na noite anterior. Os cidadãos de Nissa, que desconfiavam dos cruzados desde o início e haviam se preparado para o pior, fizeram uma investida de imediato, numa escancarada vingança. Os saqueadores foram partidos em pedaços, e na perseguição ao Eremita o povo da cidade capturou todas as mulheres e crianças retardatárias na retaguarda, bem como grande quantidade de bagagem. Pedro, como reação, deu meia-volta e marchou de volta a Nissa para exigir explicações do duque da Bulgária, que relatou em termos claros a provocação — e o Eremita não pôde oferecer nenhum paliativo a tão grande ultraje. Iniciou-se, então, uma negociação que prometia ser bem-sucedida, e os búlgaros estavam prestes a libertar as mulheres e as crianças quando um grupo de cruzados indisciplinados, agindo por iniciativa própria, resolveu escalar os muros e tomar a cidade. Pedro tentou exercer sua autoridade em vão — a confusão se generalizou, e depois de uma batalha breve mas desesperada, os cruzados depuseram suas armas e fugiram em todas as direções. Suas vastas tropas foram completamente cercadas, com um massacre tão grande que foi contado não às centenas, mas aos milhares.

O que se diz é que o Eremita escapou desse campo fatal para uma floresta abandonada por todas as criaturas humanas a alguns quilômetros de Nissa. Ele, que tão pouco tempo antes era o líder de centenas de milhares de homens, agora era um fugitivo solitário nas florestas, passível a todo instante de ser descoberto por algum búlgaro e retalhado no meio da carreira. O acaso por fim trouxe-lhe à vista um outeiro onde dois ou três de seus mais valentes cavaleiros tinham reunido quinhentos peregrinos, que receberam o Eremita com alegria, e o grupo decidiu recolher os dispersos remanescentes do exército. Acenderam-se fogueiras no monte, olheiros saíram à procura de fugitivos em todas as direções e trombetas foram tocadas em intervalos regulares para dar a conhecer que havia amigos por perto. Assim, antes do cair da noite, o Eremita se viu no comando de 7 mil homens. No dia seguinte juntaram-se a ele outros 20 mil, e com esse miserável resquício de sua força, ele seguiu seu curso rumo a Constantinopla. Os ossos do restante apodreceram nas florestas da Bulgária.

Ao chegar a Constantinopla, onde encontrou Gualtério Sem-Haveres à sua espera, Pedro foi recebido com hospitalidade pelo imperador Aleixo. Seria de esperar que os amargos reveses pelos quais tinham passado houvessem ensinado a seus seguidores a prudência elementar — mas, infelizmente para eles, não se podia conter sua turbulência e seu amor à pilhagem. Embora estivessem cercados de amigos, pelos quais todas as suas necessidades eram atendidas com fartura, eles não conseguiam conter a rapinagem. Em vão, o Eremita os exortou à tranquilidade; o poder que tinha de domar-lhes as paixões não era maior que o do mais obscuro soldado do grupo. Eles incendiaram vários prédios públicos de Constantinopla por pura maldade, e arrancaram o chumbo dos telhados das igrejas, o qual depois venderam como sucata nos arredores da cidade. Pode ser datada a partir daí a aversão que o imperador Aleixo passou a nutrir pelos cruzados, e que mais tarde se manifestou em todas as suas ações, mesmo quando tinha de lidar com os exércitos mais cavalheirescos e honoráveis que chegaram depois. Ele parece ter imaginado que mesmo os próprios turcos eram ameaças menos aterradoras a seu poder do que esses derramamentos dos detritos da Europa: logo encontrou um pretexto para mandá-los à Ásia Menor. Pedro cruzou o Bósforo com Gualtério, mas eram tais os excessos de seus seguidores que, desistindo de alcançar qualquer bem continuando a liderá-los, ele os deixou entregues a si próprios, e retornou a Constantinopla, com o pretexto de fazer acordos a respeito do fornecimento adequado de provisões com o governo de Aleixo. Os cruzados, esquecendo-se de que estavam no território do inimigo, e que era desejável, acima de todas as coisas, manter a união, entregaram-se a dissensões. Disputas violentas surgiram entre os lombardos e os normandos, comandados por Gualtério Sem-Haveres, e os francos e germânicos, liderados por Pedro. Estes se separaram daqueles e,

Entrada dos cruzados em Constantinopla, por Gustave Doré.

escolhendo como líder certo Reinaldo, ou Reinhold, avançaram e tomaram posse da fortaleza de Exorogorgon. O sultão Solimão, com força superior, estava alerta. Um grupo de cruzados, que fora destacado do forte e estacionado a uma pequena distância como emboscada, foi surpreendido e esquartejado, e os turcos investiram contra Exorogorgon por todos os lados. O cerco se prolongou por oito dias, durante os quais os cristãos sofreram a mais cortante agonia por falta de água. É difícil dizer por quanto tempo a esperança de socorro ou a energia do desespero teria lhes permitido aguentar: seu traiçoeiro líder pegou um atalho renunciando à fé cristã e entregando o forte nas mãos do sultão, no que foi imitado por dois ou três de seus oficiais. O resto do exército, recusando-se a converter-se ao islamismo, foi impiedosamente passado na espada. Assim pereceu o último resquício da vasta multidão que atravessara a Europa com Pedro, o Eremita.

Gualtério Sem Haveres e sua turba tiveram destino igualmente infeliz. Ao saber dos desastres de Exorogorgon, os soldados exigiram lutar imediatamente contra os turcos. Gualtério, que só precisaria de bons soldados para ter sido um bom general, tinha a cabeça mais fria, e viu todos os perigos desse passo. Sua força era totalmente insuficiente para fazer qualquer movimento decisivo em um país no qual o inimigo era tão superior, e onde, em caso de derrota, ele não tinha nenhuma posição segura à qual se retirar; portanto, expressou sua opinião contra o avanço até a chegada de reforços. Esse prudente parecer não encontrou partidários: o exército expressou sonoramente a insatisfação com seu líder, e preparou-se para avançar sem ele. Diante disso, o valente Gualtério se colocou na frente e correu para a destruição. Seguindo para Niceia, foi interceptado pelo exército do sultão: deu-se uma batalha feroz, na qual os turcos causaram uma pavorosa devastação: dos 25 mil cristãos, 22 mil foram mortos, entre eles o próprio Gualtério, com sete perfurações mortais. Os 3 mil restantes recuaram para Civitot, onde se entrincheiraram.

Por maior que fosse o desgosto de Pedro, o Eremita, com os excessos da multidão que, atendendo a seu chamado, abandonara a Europa, os infortúnios dela encheram seu coração de tristeza e piedade. Todo o antigo zelo reviveu. E assim, lançando-se aos pés do imperador Aleixo, ele lhe implorou, às lágrimas, que mandasse socorro aos sobreviventes em Civitot. O imperador consentiu, e mandou uma força que chegou em cima da hora de salvá-los da destruição. Os turcos tinham sitiado o local, e os cruzados foram reduzidos à última extremidade. Fizeram-se negociações, e os últimos 3 mil foram conduzidos com segurança a Constantinopla. Aleixo sofrera demais com os excessos que tinham cometido antes para desejar mantê-los na capital: fez, portanto, com que fossem desarmados e, dando a cada um deles uma quantia em dinheiro, mandou-os de volta ao próprio país.

Enquanto esses eventos tinham lugar, novas hordas partiam das florestas selvagens da Alemanha, todas em direção à Terra Santa. Eram comandadas por um padre fanático chamado Gottschalk, que, como Gualtério e Pedro, resolveu passar pela Hungria. A história é extremamente avara nos detalhes a respeito da conduta e do destino dessa hoste, que chegou a pelo menos 100 mil homens. Roubos e assassinatos parecem ter viajado com eles, e os pobres húngaros foram reduzidos quase ao desespero por seu número e rapacidade. Karloman, o rei húngaro, fez um esforço ousado para se livrar deles, pois o ressentimento de seu povo chegara a tais alturas que nada menos que extermínio completo dos cruzados os satisfaria. Gottschalk teve de pagar o preço não apenas pela devastação de seu próprio bando, mas também pela dos enxames que tinham vindo antes. Ele e seu exército foram induzidos, por um meio ou por outro, a depor suas armas: os selvagens húngaros, vendo-os indefesos, avançaram sobre eles, e massacraram-nos em grandes números. Quantos escaparam das flechadas não sabemos, mas nenhum deles chegou à Palestina.

Outros enxames, mais brutais e mais fanáticos do que aqueles que os haviam precedido, sob líderes sem nome, partiram da Alemanha e da França. Em bandos cujos números variavam de mil a 5 mil, eles atravessavam o país em todas as direções empenhados em pilhar e massacrar. Usavam o símbolo das cruzadas nos ombros, mas protestavam contra a loucura de partir para a Terra Santa para destruir os turcos enquanto deixavam para trás tantos judeus, que eram inimigos ainda mais inveterados de Cristo. Eles juraram vingança feroz contra esse povo infeliz, e mataram todos os hebreus em que conseguiram pôr as mãos, sujeitando-os antes às mais horrendas mutilações. De acordo com o testemunho de Alberto Aquensis, eles viviam na mais desavergonhada devassidão, e seus vícios só eram ultrapassados por suas superstições. Sempre que estavam à procura de judeus, eram precedidos por um ganso e uma cabra, que acreditavam ser santos e animados do poder divino de descobrir os retiros dos descrentes. Só na Alemanha eles chacinaram mais de mil judeus, apesar dos esforços do clero para salvá-los. A crueldade de seus algozes era tão pavorosa que grandes quantidades de judeus cometeram suicídio para evitar cair em suas mãos.

Novamente coube aos húngaros livrar a Europa dessas pragas. Quando não havia mais judeus a assassinar, os bandos se reuniram num único conjunto, e tomaram a velha rota em direção à Terra Santa, uma rota manchada pelo sangue dos 300 mil que tinham passado antes, e destinada a receber também o deles. O número desses enxames nunca foi definido, mas tantos pereceram na Hungria que os escritores contemporâneos, desistindo de dar uma ideia adequada das multidões, afirmam que os campos estavam em verdade amontoados de corpos, e que quilômetros do curso do Danúbio se achava tingido com seu sangue. Foi em Mersburg, no Danúbio, que o maior massacre ocorreu — grande ao ponto de chegar quase ao extermínio. Os húngaros lutaram pela passagem do rio por algum tempo, mas os cruzados conseguiram sobrepujá-los e, atacando a cidade com a coragem cega da loucura, abriram uma brecha nas muralhas. Nesse momento de vitória um medo inexplicável se apossou deles, que, jogando suas armas ao chão, fugiram em pânico, sem saber por que nem para onde. Os húngaros os seguiram de espada na mão, e os retalharam sem remorso em número tão grande que se conta que seus corpos insepultos obstruíram a corrente do Danúbio.

Esse foi o pior paroxismo de loucura da Europa; quando passou, os cavaleiros entraram em cena. Homens de cabeça fria, planos maduros e coragem invencível se apresentaram para liderar e dirigir o grande movimento da Europa à Ásia. É a eles que o romance concedeu os mais admiráveis epítetos, deixando à condenação da história a vileza e a brutalidade daqueles que foram antes. Destes, os de maior destaque foram Godofredo de Bulhão, duque de Lorena, e Raimundo, conde de

AS CRUZADAS

Toulouse. Quatro outros senhores de sangue real da Europa também assumiram a cruz, levando cada um deles seu exército à Terra Santa: Hugo, conde de Vermandois, irmão do rei da França; Roberto, duque da Normandia, irmão mais velho de Guilherme II, rei da Inglaterra; Roberto, conde de Flandres; e Boemundo, príncipe de Tarento. Todos eles estavam matizados pelo fanatismo da época, mas nenhum deles agiu apenas por motivos religiosos. Eles não eram nem completamente imprudentes como Gualtério Sem-Haveres, nem loucos como Pedro, o Eremita, nem brutais como Gottschalk, mas possuíam todas essas características em forma mais branda, sendo sua bravura temperada pelo cuidado, o zelo religioso pelas visões mundanas e a ferocidade pelo espírito de cavalaria. Viram aonde levava a enxurrada da vontade pública, e não tendo nem desejo nem interesse em desviá-la, deixaram-se carregar por ela, na esperança de que levaria a um porto de engrandecimento. Ao redor deles congregaram-se muitos senhores menores, a flor da nobreza da França e da Itália, com alguns da Alemanha, da Inglaterra e da Espanha. Conjecturou-se prudentemente que exércitos tão numerosos teriam dificuldade em obter provisões se tomassem todos a mesma estrada. Assim, resolveram separar-se, Godofredo de Bulhão passando pela Hungria e a Bulgária, o conde de Toulouse pela Lombardia e a Dalmácia, e os outros líderes de Apúlia a Constantinopla, onde as várias divisões se reuniriam. Há várias estimativas das forças sob esses líderes; pode-se supor que chegaram a pouco menos de meio milhão de homens.

A primeira operação da guerra foi o cerco de Niceia, para cuja conquista se direcionaram todos os esforços deles. Entre os célebres cruzados que lutaram estavam, além dos líderes já mencionados, o valente e generoso Tancredo, o valoroso bispo de Puy, Balduíno, mais tarde rei de Jerusalém, e Pedro, o Eremita, agora quase um soldado solitário, desprovido de todo o poder e a influência que possuíra antes. O sultão de Rum e chefe dos turcos seljúcidas, Kilij Arslan, marchou para defender a cidade, mas foi derrotado depois de vários enfrentamentos obstinados nos quais os cristãos mostraram um grau de heroísmo que o surpreendeu totalmente. O sultão esperava encontrar uma multidão selvagem e indisciplinada, como aquela liderada por Pedro, o Eremita,

A HISTÓRIA DAS ILUSÕES E LOUCURAS DAS MASSAS

sem líderes capazes de impor obediência. Em vez disso, encontrou os líderes mais experientes da época à frente de exércitos que tinham a dose certa de fanatismo para torná-los ferozes, mas não ingovernáveis. Muitos milhares caíram de ambos os lados, e de ambos os lados se praticaram as mais revoltantes barbaridades: os cruzados cortavam as cabeças dos muçulmanos caídos e as enviam em cestas a Constantinopla como troféus de vitória. Depois da derrota temporária de Kilij Arslan, o cerco de Niceia continuou com vigor redobrado. Os turcos se defenderam com a maior das obstinações, e descarregaram chuvas de flechas envenenadas sobre os cruzados. Quando algum infeliz era abatido sob as muralhas, eles mandavam ganchos de ferro com os quais erguiam o corpo, o qual, depois de despir e mutilar, lançavam de volta sobre os cristãos. Estes estavam bem fornidos, e por 36 dias o cerco continuou sem nenhum relaxamento de nenhum dos lados. Muitas histórias se contam do heroísmo quase sobre-humano dos líderes cristãos — como um homem pôs milhares para correr, e como as flechas dos fiéis nunca erravam o alvo.

Por fim, os cruzados imaginaram que haviam superado todos os obstáculos e preparavam-se para tomar posse da cidade, quando, para seu grande espanto, viram a bandeira do imperador Aleixo tremulando nos parapeitos. Um emissário do imperador conseguira obter admissão de um corpo de tropas gregas em um ponto que os cruzados tinham deixado desprotegido, e persuadira os turcos a se renderem antes a ele que às forças cruzadas. Uma imensa indignação tomou conta do exército quando se descobriu esse estratagema, e foi grande a dificuldade de impedir os soldados de renovar o ataque e cercar o emissário grego.

O exército, porém, continuou sua marcha, e por um meio ou por outro se dividiu em dois; alguns historiadores afirmam que foi por acidente, outros dizem que foi por consentimento mútuo e pela conveniência de obter provisões no caminho. Uma divisão se compunha das forças sob Boemundo, Tancredo e o duque da Normandia, e a outra, que tomou uma rota a alguma distância à direita, era comandada por Godofredo de Bulhão e outros senhores. O sultão de Rum, que depois das perdas em Niceia vinha fazendo em silêncio grandes esforços para esmagar os cruzados em um único golpe, reuniu em tempo bem curto

AS CRUZADAS

toda a multidão de tribos que lhe devia aliança, e, com um exército que, de acordo com cálculos moderados, chegava a 200 mil homens, sobretudo a cavalo, caiu sobre a primeira divisão das hostes cristãs no vale de Dorylaeum. Era início da manhã do dia 1º de julho de 1097 quando os cruzados viram a primeira companhia de cavaleiros turcos abatendo-se sobre eles a partir dos montes. Boemundo mal teve tempo de arrumar-se e transportar os doentes e indefesos para a retaguarda quando a força esmagadora dos orientais caiu sobre ele. O exército cristão, composto principalmente de homens a pé, sucumbiu por todos os lados, e as patas dos corcéis turcos, assim como as flechas envenenadas dos arqueiros, moeram-nos às centenas. Depois de perder a flor de seus guerreiros, os cristãos recuaram até sua bagagem, momento em que se deu um pavoroso massacre. Nem mulheres nem crianças nem doentes foram poupados. Bem no momento em que eram reduzidos aos últimos extremos, Godofredo de Bulhão e o conde de Toulouse apareceram e viraram o curso da batalha. Os turcos fugiram depois de um combate obstinado, deixando seu rico acampamento nas mãos do inimigo. As baixas dos cruzados chegaram a cerca de 4 mil homens, com vários senhores de renome, entre os quais Roberto, conde de Paris, e Guilherme, irmão de Tancredo. As perdas dos turcos, que não excederam esse montante, ensinaram-lhes a proceder de modo diferente na guerra. O sultão estava longe de ter sido derrotado. Com seu exército ainda gigantesco, devastou todo o campo dos dois lados dos cruzados. Estes, que não tinham ciência das táticas do inimigo, encontraram fartura de provisões no acampamento turco, mas longe de economizar os recursos, entregaram-se a vários dias da extravagância mais ilimitada. E logo pagaram caro pelo descuido. No devastado campo da Frígia, pelo qual avançaram a Antioquia, sofreram horrores por falta de alimentos para eles e pasto para os animais. Acima deles havia um sol escaldante, quase suficiente por si mesmo para secar o frescor da terra, tarefa que as labaredas do sultão tinham executado com eficiência, e não havia meios de obter água depois do primeiro dia de marcha. Morriam quinhentos peregrinos por dia. Os cavalos dos cavaleiros pereceram na estrada, e a bagagem que ajudavam a transportar foi colocada sobre cães, ovelhas e porcos ou completamente abandonada. Em parte das calamidades que se abateram sobre eles depois disso, entregaram-se à mais imprudente licenciosidade; mas nessa ocasião, as dissensões que a prosperidade engendrara foram todas esquecidas. A religião, da qual haviam se esquecido muitas vezes, veio à tona diante dos severos infortúnios, e alegrou-os enquanto morriam pelas promessas de felicidade eterna.

Por fim alcançaram Antioquia, onde encontraram água abundante e pasto para o gado moribundo. A fartura mais uma vez os cercou, e ali armaram suas tendas. Porém, sem ter aprendido a lição da amarga experiência da fome, entregaram-se novamente ao luxo e à dissipação.

No dia 18 de outubro, eles se estabeleceram diante da cidade fortificada de Antioquia, cujo cerco, assim como os eventos que originou, estão entre os incidentes mais extraordinários da cruzada. A cidade, que se situa sobre um monte e é banhada pelo rio Orontes, é naturalmente uma posição bastante forte, e a guarnição turca estava abastecida para suportar um longo cerco. Nisso os cristãos também foram afortunados, mas, para seu azar, imprudentes. Sua força somava 300 mil guerreiros, e eles tinham tantas provisões que descartavam a maior fração de todo animal que matavam, tendo a delicadeza de comer apenas certas partes. Sua extravagância foi tão insana que em menos de dez dias o espectro da fome surgiu para eles. Depois de uma infrutífera tentativa de conquistar a cidade num rápido ataque-surpresa, os cristãos, eles próprios famintos, decidiram esperar até que o inimigo morresse de fome. Mas com a necessidade veio o resfriamento do entusiasmo. Os senhores começaram a ficar fartos da expedição. Balduíno já tinha se afastado do corpo principal do exército e, seguindo para Edessa, chegado ao poder supremo do pequeno principado por meio de intrigas. Os outros líderes estavam com menos ânimo do que até então. Stefano de Chartres e Hugo de Vermandois começaram a vacilar, incapazes de suportar as privações resultantes da própria insensatez e profusão. Até Pedro, o Eremita, ficou com o coração arrasado antes do fim de tudo. Quando a carestia se tornou urgente ao ponto de reduzi-los ao consumo de carne humana nos extremos da fome, Boemundo e Roberto de Flandres partiram numa expedição para obter suprimentos. Tiveram sucesso moderado; mas o alívio que trouxeram não foi

AS CRUZADAS

economizado, e em dois dias eles estavam tão destituídos quanto antes. O comandante grego e representante de Aleixo desertou com suas divisões fingindo buscar alimentos, e seu exemplo foi seguido por vários corpos de cruzados.

Além da fome, os remanescentes tiveram de suportar outros males não menores. Alimentos contaminados e o ar impuro dos pântanos vizinhos engendraram pestilências que davam cabo deles com mais rapidez do que as flechas do inimigo. Morriam mil homens por dia, e acabou se tornando dificílimo conceder-lhes um enterro. Para tornar o infortúnio ainda maior, todos passaram a suspeitar do vizinho; pois o acampamento estava infestado de espiões turcos, que transmitiam diariamente aos cercados informações sobre os movimentos e contratempos do inimigo. Com a ferocidade provocada pelo desespero, Boemundo ordenou que dois espiões que tinha descoberto fossem assados vivos em presença do exército e no campo de visão do parapeito de Antioquia. Mas nem esse exemplo foi capaz de reduzir o número de espiões, e os turcos continuaram a saber tão bem quanto os próprios cristãos tudo o que se passava no acampamento deles.

Quando eles já estavam reduzidos às suas últimas forças, a notícia da chegada de soldados de reforço da Europa, com estoque abundante de provisões, veio para animá-los. O aguardado socorro alcançou São Simeão, o porto de Antioquia, a cerca de dez quilômetros da cidade. Para lá seguiram os famélicos cruzados em bandos tumultuosos, seguidos por Boemundo e pelo conde de Toulouse, com um forte destacamento de vassalos e serventes, para escoltar os suprimentos ao campo com segurança. A guarnição de Antioquia, avisada previamente dessa chegada, estava em alerta, e um corpo de arqueiros turcos foi despachado para emboscá-los nas montanhas e interceptar seu retorno. Boemundo, carregado de provisões, encontrou as hostes turcas nas passagens rochosas. Grandes números de seus seguidores foram mortos, e ele mesmo só teve tempo de escapar para o acampamento com a notícia da derrota. Godofredo de Bulhão, o duque da Normandia e os outros líderes tinham ouvido rumores da batalha e estavam naquele instante preparando-se para o resgate. O exército se pôs em movimento de imediato, animado tanto pelo zelo quanto pela fome, e marchou com tanta rapidez que

A HISTÓRIA DAS ILUSÕES E LOUCURAS DAS MASSAS

conseguiu interceptar os turcos vitoriosos antes que chegassem a Antioquia com os espólios. Deu-se uma batalha feroz, que durou do meio--dia até o pôr do sol. Os cristãos venceram e mantiveram sua vantagem, com cada homem lutando como se apenas dele dependesse a fortuna do dia. Centenas de turcos pereceram em Orontes, e mais de 2 mil jazeram no campo de batalha. Todas as provisões foram recapturadas e conduzidas em segurança ao campo, para o qual os cruzados voltaram cantando *Aleluia!* ou gritando *Deus ajuda! Deus ajuda!*.

Esse alívio durou alguns dias e, se tivesse sido devidamente economizado, teria durado muito mais; mas os senhores não tinham autoridade, e foram incapazes de exercer qualquer controle sobre a distribuição. A fome de novo se aproximava a passos largos, e Stefano, conde de Blois, não gostando desse prospecto, retirou-se do acampamento com 4 mil de seus seguidores e estabeleceu-se em Alexandretta. A influência moral dessa deserção foi altamente prejudicial àqueles que permaneceram; e Boemundo, o mais impaciente e ambicioso dos senhores, previu que, se não fosse controlada rapidamente, ela levaria ao fracasso completo da expedição. Foi necessário agir com resolução; havia murmúrios sobre a duração do cerco no exército, e o sultão vinha reunindo suas forças para esmagá-los. Contra os esforços dos cruzados, Antioquia poderia ter resistido por meses; porém, a traição interna causou aquilo que a coragem externa poderia ter lutado em vão para alcançar.

O emir de Antioquia tinha sob seu comando um armênio de nome Phirouz a quem confiara a defesa de uma torre naquela parte das muralhas da cidade que supervisionava a passagem das montanhas. Boemundo, por meio de um espião que abraçara a fé cristã e ao qual dera seu próprio nome no batismo, mantinha comunicação diária com esse capitão, ao qual prometeu as recompensas mais majestosas se ele entregasse seu posto aos cavaleiros cristãos. Não se sabe se a proposta foi feita por Boemundo ou pelo armênio, mas é indubitável que logo havia um acordo entre eles; assim, escolheu-se a noite em que o projeto seria executado. Boemundo comunicou o esquema a Godofredo e ao conde de Toulouse, estipulando que, se a cidade fosse conquistada, ele, como a alma da empreitada, teria a dignidade de príncipe de Antioquia. Os outros líderes hesitaram; a ambição e o ciúme estimularam-nos a recusar auxílio à promoção dos planos do intrigante. Considerações mais cuidadosas levaram-nos a aquiescer, porém, e 7 mil dos cavaleiros mais valentes foram escolhidos para a expedição, cujo objetivo real, por medo de espiões, foi mantido em profundo segredo do resto do exército. Quando estava tudo pronto, relatou-se que os 7 mil formariam uma emboscada a uma divisão do exército do sultão que se aproximava.

Tudo favorecia o traiçoeiro projeto do capitão armênio, que, na sua vigia solitária, recebeu informações da aproximação dos cruzados.

Iluminura de Godofredo de Bulhão, no Livro do Armeiro-Mor (1509).

A noite estava escura e tempestuosa; não havia nenhuma estrela visível no céu, e o vento rajava com tanta fúria que se sobrepujava a qualquer outro som; a chuva caía em torrentes, e os vigias das torres adjacentes à de Phirouz não conseguiam ouvir a aproximação dos cavaleiros armados devido ao vento, nem vê-los por causa da obscuridade da noite e da calamidade do tempo. Quando chegava às muralhas, Boemundo mandou um intérprete para conversar com o armênio, que os urgiu a apressarem-se e aproveitar o intervalo favorável, pois homens armados, com tochas acesas, patrulhavam os parapeitos a cada meia hora, e eles haviam acabado de passar. Em segundos, os senhores estavam ao pé da muralha: Phirouz jogou uma corda; Boemundo prendeu-a à ponta de uma escada de peles, que foi então erguida pelo armênio e ficou estendida enquanto os cavaleiros subiam. Um temor momentâneo perpassou o espírito dos aventureiros, e todos hesitaram. Por fim, Boemundo, encorajado de cima por Phirouz, subiu alguns degraus, e foi seguido por Godofredo, pelo conde Roberto de Flandres e por alguns outros cavaleiros. À medida que avançavam, outros pressionavam para subir, até que o peso se tornou grande demais para a escada, que, quebrando, jogou cerca de uma dúzia deles no chão, onde caíram uns sobre os outros, causando, com suas armaduras de metal, um grande tinido. Por um momento, eles acreditaram que tudo estava perdido; mas o vento uivava tanto ao varrer os desfiladeiros das montanhas em rajadas ferozes — e o Orontes, inchado pela chuva, fazia tanto barulho ao correr — que os guardas nada ouviram. A escada foi consertada com facilidade, e os cavaleiros subiram dois por vez, alcançando a plataforma com segurança. Quando sessenta deles tinham subido, a tocha do patrulheiro que se aproximava foi vista no ângulo da muralha. Escondendo-se atrás de uma pilastra, eles o esperaram sem emitir nem um pio. Quando chegou bem perto, ele foi de súbito agarrado e, antes que pudesse abrir os lábios para dar alarme, o silêncio da morte fechou-os para sempre. Eles desceram então rapidamente a escada espiralada da torre e, abrindo o portal, admitiram todos os seus companheiros. Raimundo de Toulouse, que, conhecendo todo o plano, havia sido deixado para trás com o corpo principal do exército, ouviu nesse instante a sirene indicadora de que a entrada havia sido

AS CRUZADAS

efetuada e partiu com suas legiões, o que fez com que a cidade fosse atacada por dentro e por fora.

A imaginação não consegue conceber situação mais pavorosa que a da infeliz cidade de Antioquia naquela noite de horror. Os cruzados lutaram com uma fúria cega, incitada tanto pelo fanatismo quanto pelo sofrimento. Homens, mulheres e crianças foram massacrados indiscriminadamente até as ruas ficarem cobertas de sangue. A escuridão aumentou a destruição, pois quando raiou a manhã os cruzados se viram com suas espadas cravadas no peito dos próprios companheiros, confundidos com inimigos. O comandante turco fugiu primeiro para a fortaleza, depois para as montanhas, onde foi perseguido e morto, sua cabeça grisalha trazida a Antioquia como troféu. Ao raiar do dia o massacre cessou, e os cruzados se entregaram à pilhagem. Encontraram ouro, joias, seda e veludo em abundância, mas provisões, que eram de importância maior para eles, não acharam senão poucas de qualquer tipo. Os cereais eram extremamente escassos, e eles descobriram, para sua tristeza, que nesse aspecto aqueles que tinham sofrido o cerco não estavam muito melhores do que aqueles que o realizaram.

Antes que os cristãos tivessem tempo de instalar-se em sua nova posição e tomar as medidas necessárias para a obtenção de provisões, a cidade foi atacada pelos turcos. O sultão da Pérsia formara um exército imenso, cujo comando confiou a Kerbogha, governador de Moçul, com instruções para varrer os gafanhotos cristãos da face da Terra. Kerbogha se juntou a Kilij Arslan, e os dois exércitos cercaram a cidade. O desencorajamento se apossou totalmente das hostes cristãs, e grandes números de soldados conseguiram despistar a vigilância dos turcos e juntar-se, em Alexandretta, ao conde Stefano de Blois, a quem fizeram os relatos mais exagerados dos infortúnios que tinham suportado e da absoluta impossibilidade de continuar a guerra. Stefano na mesma hora desmontou seu acampamento e recuou para Constantinopla. Encontrou-se no caminho com o imperador Aleixo, à frente de uma força considerável, correndo para tomar posse das conquistas realizadas pelos cristãos na Ásia. Assim que soube da lamentável condição em que estavam, no entanto, deu meia-volta e seguiu para Constantinopla com o conde de Blois, deixando os cruzados remanescentes para se arranjarem por conta própria.

A HISTÓRIA DAS ILUSÕES E LOUCURAS DAS MASSAS

As notícias da defecção aumentaram o desencorajamento em Antioquia. Todos os cavalos sem uso do exército tinham sido mortos e comidos, e cães, gatos e ratos eram vendidos a preços absurdos. Até insetos estavam se tornando escassos. Com a fome crescente vieram as doenças, de modo que em pouco tempo não mais que 60 mil dos 300 mil que haviam originalmente atacado Antioquia restavam. Mas essa situação amarga, embora tenha aniquilado a energia das hostes, serviu apenas para unir mais os líderes; e Boemundo, Godofredo e Tancredo juraram nunca desertar a causa enquanto a vida durasse. O primeiro lutou em vão para reavivar a coragem de seus seguidores. Esgotados e decepcionados, eles descartavam tanto as promessas quanto as ameaças de Boemundo. Alguns se trancaram nas casas e recusaram-se a sair. Para obrigá-los ao dever, Boemundo incendiou todo o acampamento, e muitos deles pereceram nas chamas, enquanto o resto do exército assistia com absoluta indiferença. Animado por um espírito mundano, Boemundo não conhecia o verdadeiro caráter dos cruzados, nem entendia a insanidade religiosa que trouxera cardumes deles da Europa. Com a visão mais clara, um monge bolou um esquema que lhes restaurou completamente a confiança e inspirou-lhes uma coragem tão fantástica que fez com que os 60 mil pobres zelotes emaciados, doentes e famintos pusessem para correr as legiões bem alimentadas e seis vezes mais numerosas do sultão da Pérsia.

Esse monge, nativo da Provença, chamava-se Pedro Bartolomeu, e será para sempre uma dúvida se agiu por patifaria, por arrebatamento ou por ambos; se foi protagonista ou instrumento nas mãos de outros. É certo, porém, que ele foi o meio de levantar o cerco de Antioquia e acabar levando ao triunfo os exércitos da cruz. Quando a força dos cruzados estava completamente destruída em virtude de seus sofrimentos e a esperança fugira do seio de todos, Pedro abordou o conde Raimundo de Toulouse e pediu uma audiência para tratar de questões de grave urgência. Foi prontamente admitido. Ele disse que algumas semanas antes, no tempo em que os cristãos cercavam Antioquia, repousava sozinho em sua tenda quando foi despertado pelo choque de um terremoto que alarmara todo o exército. Com o violento terror do choque, ele só pôde proferir "Deus me guarde!" quando, ao virar-se, viu parados

AS CRUZADAS

diante de si dois homens que, pelo halo de glória que os rodeava, reconheceu imediatamente como seres de outro mundo. Um deles pareceu ser um homem de idade, com cabelos ruivos com mechas brancas, olhos negros e uma grande e esvoaçante barba grisalha. O outro era mais jovem, maior, mais belo e tinha em seu aspecto algo mais divino. Só o senhor mais velho falou, informando-o de que era o apóstolo Santo André e que desejava que ele procurasse o conde Raimundo, o bispo de Puy e Raimundo Pilet e lhes perguntasse por que o bispo não exortava o povo e o consagrava com a cruz que portava. O apóstolo a seguir pegou-o, só de camiseta como estava, e transportou-o pelo ar ao coração da cidade de Antioquia, onde o levou à igreja de São Pedro, à época mesquita sarracena. O apóstolo fez com que parasse ao lado do pilar próximo aos degraus, pelos quais ascenderam ao altar pelo lado sul, onde pendiam duas luminárias que emitiam uma luz mais brilhante que a do sol do meio-dia; o homem mais jovem, que ele não reconhecia na época, se achava parado próximo aos degraus do altar. O apóstolo então desceu ao chão e ergueu uma lança, que lhe entregou nas mãos, dizendo-lhe que era a mesma lança que tinha aberto a lateral da qual fluíra a salvação do mundo. Com lágrimas de alegria, Pedro segurou a lança sagrada, e implorou ao apóstolo que lhe permitisse levá-la e entregá-la nas mãos do conde Raimundo. O apóstolo recusou e enterrou a lança no solo novamente, ordenando-lhe que, quando a cidade fosse conquistada aos infiéis, voltasse com doze homens selecionados e a desenterrasse naquele mesmo lugar. Depois o apóstolo o transportou de volta à sua tenda, e os dois desapareceram de vista. Ele deixara, disse, de transmitir a mensagem por medo de que homens de nível tão elevado não dessem crédito à fantástica história. Passados alguns dias, ele teve novamente a visão santa, quando partia para procurar por alimentos. Dessa vez, os olhos divinos do mais jovem olharam-no com reprovação. Pedro implorou ao apóstolo que escolhesse alguém mais apropriado para a missão, mas este recusou, e o afligiu com uma moléstia nos olhos, como punição por sua desobediência. Com uma obstinação inexplicável até para si mesmo, Pedro postergou mesmo assim. Uma terceira vez o apóstolo e seu companheiro lhe apareceram, quando estava numa tenda com seu mestre, Guilherme, em São Simeão.

Nessa ocasião, o apóstolo lhe disse para transmitir ao conde de Toulouse a ordem de não se banhar nas águas do Jordão quando chegasse a ele, mas cruzá-lo em um bote, trajado em camisa e bermudas de linho, as quais deveria borrifar com as águas sagradas do rio. Ele deveria, mais tarde, preservar essas roupas junto com a lança sagrada. Seu mestre, Guilherme, embora não pudesse ver o santo, ouviu claramente a voz dele dando as ordens. Mais uma vez, ele negligenciou a execução da incumbência e mais uma vez os santos apareceram para ele, quando estava no porto de Mamistra, prestes a navegar para Chipre, e Santo André ameaçou-o com a danação eterna se continuasse a recusar a tarefa. Com isso, ele decidiu anunciar tudo o que lhe fora revelado.

O conde de Toulouse, que, com toda a probabilidade, elaborou essa história preciosa com o monge, mostrou-se espantado com o relato e imediatamente mandou chamar o bispo de Puy e Raimundo Pilet. O bispo de pronto expressou descrença na história e recusou-se a ter qualquer relação com a questão. O conde de Toulouse, ao contrário, viu motivos abundantes, se não para acreditar, para fingir acreditar; e, por fim, desenhou ao bispo um panorama tão claro das vantagens que se poderiam derivar dela, ao levar a mente popular de volta à excitação anterior, que ele concordou, embora relutante, em buscar a arma sagrada. A cerimônia seria realizada dali a dois dias e, no meio-tempo, Pedro foi consignado aos cuidados de Raimundo, o capelão do conde, para que nenhum curioso profano tivesse oportunidade de interrogá-lo e levá-lo a confundir-se.

Foram de pronto escolhidos para a tarefa doze homens devotos, entre os quais estavam o conde de Toulouse e seu capelão, que começaram a cavar ao nascer do sol e continuaram infatigáveis até próximo ao pôr do sol, sem encontrar a lança. Eles poderiam ter cavado até o dia de hoje sem maior sucesso, não tivesse o próprio Pedro saltado no fosso e orado a Deus para trazer a lança à luz, para o fortalecimento e a vitória de Seu povo. Aqueles que escondem sabem onde encontrar; e assim foi com Pedro, pois tanto ele quanto o objeto encontraram o caminho no buraco ao mesmo tempo. De súbito, ele e Raimundo, o capelão, avistaram a ponta da lança na terra, e Raimundo, puxando-a, beijou-a com lágrimas de alegria, à vista da multidão que se reunira na igreja. Ela foi imediatamente envolvida por um rico tecido púrpura, já preparado para recebê-la, e exibida nesse estado aos fiéis, que fizeram ressoar pelo edifício seus gritos de alegria.

Pedro teve outra visão na mesma noite, e se tornou a partir daquele dia, para o exército, o "sonhador de sonhos", de modo geral. Ele afirmou no dia seguinte que o apóstolo André e "o jovem com o aspecto divino" apareceram-lhe novamente e ordenaram que o conde de Toulouse, como recompensa por sua perseverante piedade, carregasse a lança à frente do exército, e que o dia em que ela foi encontrada fosse observado como feriado solene por toda a cristandade. Santo André lhe mostrou, ao mesmo tempo, os furos nas mãos e nos pés de seu benigno companheiro; e ele se convenceu de que estava diante da presença reluzente do REDENTOR.

Pedro obteve tanto crédito por suas visões que o hábito de sonhar tornou-se contagioso. Outros monges além dele foram visitados pelos santos, que prometeram vitória ao exército se lutasse com bravura até o último homem, e coroas de glória eterna àqueles que caíssem na luta. Dois desertores que haviam deixado furtivamente o acampamento, exauridos pelas fadigas e privações da guerra, retornaram de repente e, procurando Boemundo, contaram-lhe que haviam visto as aparições, as quais, com grande fúria, ordenaram que voltassem. Um deles disse que reconheceu o irmão, que fora morto em batalha alguns meses antes, e que ele tinha em volta da cabeça um halo de glória. O outro, ainda mais ousado, asseverou que a aparição que lhe falara era o próprio Salvador, que lhe prometera felicidade eterna como recompensa se ele retornasse ao dever, mas a agonia do fogo eterno se rejeitasse a cruz. Ninguém pensou em descrer nesses homens. A coragem do exército imediatamente ressuscitou; a prostração deu lugar à esperança; todos os braços se tornaram fortes de novo, e a aflição da fome foi desconsiderada por algum tempo. O entusiasmo que os trouxera da Europa ardia mais do que antes, e eles exigiram, aos gritos, bater-se contra o inimigo. Os líderes não relutaram. Na batalha estava sua única chance de salvação; e embora Godofredo, Boemundo e Tancredo tivessem recebido a história da lança com grandes suspeitas, eram prudentes demais para lançar ao descrédito uma impostura que com toda a probabilidade lhes abriria os portões da vitória.

Pedro, o Eremita, foi enviado ao acampamento de Kerbogha para propor que a disputa entre as duas religiões fosse decidida por um número selecionado dos soldados mais valentes de cada exército. Kerbogha lhe deu as costas com um olhar de desprezo, afirmando que não concordaria com nenhuma proposta daquele bando de mendigos e ladrões. Com essa resposta descortês, Pedro retornou a Antioquia, e imediatamente deu-se início às preparações para um ataque ao inimigo, que continuava muito bem informado de todos os procedimentos do acampamento cristão. A fortaleza de Antioquia, que permanecia em poder dos muçulmanos, oferecia uma vista ampla da cidade, e o comandante da fortaleza via distintamente tudo o que se passava nela. Na manhã do dia 28 de junho de 1098, uma bandeira negra, hasteada na torre mais alta, anunciou ao exército que fazia o cerco que os cristãos estavam prestes a empreender uma investida.

Os líderes muçulmanos conheciam as tristes incursões que a fome e a doença tinham feito sobre os números dos adversários: sabiam que não mais de duzentos cavaleiros cristãos dispunham de cavalos, e que os soldados a pé estavam doentes e emaciados; mas não conheciam a valentia quase inacreditável que a superstição infundira em seus peitos. Eles trataram a história da lança com desprezo absoluto e, certos da vitória fácil, não se deram ao trabalho de preparar-se para o ataque. Conta-se que Kerbogha jogava xadrez quando a bandeira negra na fortaleza advertiu que o inimigo se aproximava, e insistiu, com verdadeira frieza oriental, em terminar a partida antes de dar alguma atenção a inimigo tão desprezível. A derrota de seu posto avançado de 2 mil homens o tirou da apatia.

Os cruzados, depois dessa primeira vitória, avançaram alegremente em direção às montanhas, esperando arrastar os turcos a um lugar no qual sua cavalaria não conseguiria se mover. Estavam com o espírito leve e a coragem elevada quando, sob liderança do duque da Normandia, do conde Roberto de Flandres e de Hugo de Vermandois, avistaram o esplêndido acampamento do inimigo. Godofredo de Bulhão e o bispo de Puy vieram imediatamente depois desses líderes, recobertos de armadura completa e portando a lança sagrada às vistas de todo o exército; Boemundo e Tancredo guardavam a retaguarda.

AS CRUZADAS

Kerbogha, ciente por fim de que o inimigo não era tão desprezível, tomou medidas vigorosas para remediar seu erro e, preparando-se para encontrar os cristãos na frente, despachou o sultão Solimão, de Rum, para atacá-los pela retaguarda. Para esconder esse movimento, ateou fogo às ervas e gramíneas que recobriam o chão, e Solimão, fazendo um circuito amplo com sua cavalaria, conseguiu, sob cobertura da fumaça, alcançar sua posição na retaguarda. A batalha seguia furiosa na frente; as flechas dos turcos caíam com a densidade de granizo e seus esquadrões bem treinados pisoteavam os cruzados como palha. Mesmo assim, a peleja estava em aberto; pois os cristãos, que tinham a vantagem do terreno, avançavam rapidamente sobre o inimigo quando as forças devastadoras de Solimão chegaram pela retaguarda. Godofredo e Tancredo correram em socorro de Boemundo, enchendo as fileiras turcas de consternação com sua impetuosidade feroz. O bispo de Puy foi deixado quase sozinho com os provençais para lutar com as legiões comandadas por Kerbogha em pessoa; mas a presença da lança sagrada transformava em herói o mais incapaz dos soldados em suas fileiras. No entanto, os números do inimigo pareciam intermináveis. Atacados por todos os lados, os cristãos começaram por fim a fugir, e os turcos garantiram a vitória.

Nesse momento, surgiu um grito nas hostes cristãs de que os santos estavam lutando ao lado deles. O campo de batalha se encontrava claro em virtude da fumaça das ervas queimadas, que pairava em nuvens brancas de formas fantásticas nos precipícios de montanhas distantes. Algum zelote criativo, vendo a imagem fosca na poeira do campo de batalha, gritou aos companheiros que contemplassem o exército de santos, vestidos de branco sobre cavalos brancos, que emanavam dos montes para salvá-los. Todos os olhos se voltaram de imediato para a fumaça distante; a fé estava em todos os corações; e o antigo grito de batalha *Deus vult! Deus vult!* ressoou pelo campo à medida que cada soldado, acreditando que Deus estava visivelmente enviando Seus exércitos em seu auxílio, lutava com uma energia nunca ·vista. O pânico se apoderou das hostes persas e turcas, que corriam em todas as direções. Kerbogha tentou reanimá-los em vão. O medo é mais contagioso que o entusiasmo, e eles correram para as montanhas

171

como cervos perseguidos por cães de caça. Diante da inutilidade de esforços ulteriores, os dois líderes fugiram com os demais; e aquele imenso exército se dispersou pela Palestina, deixando quase 70 mil mortos no campo de batalha.

O magnífico acampamento turco caiu nas mãos do inimigo, com seu rico estoque de grãos e seus rebanhos de ovelhas e bois. Joias, ouro, luxuosas peças de veludo foram distribuídos com fartura pelo exército. Tancredo perseguiu os fugitivos pelos montes, e colheu tantos espólios quanto aqueles que permaneceram no acampamento. O caminho, quando o inimigo fugiu, ficou coberto de bens valiosos, e cavalos árabes das melhores raças se tornaram tão abundantes que todo cavaleiro da cristandade recebeu um corcel. Os cruzados reconheceram ter perdido, nessa batalha, quase 10 mil homens.

O retorno deles a Antioquia foi de verdadeira alegria: a fortaleza foi entregue imediatamente, e muitos da guarnição turca abraçaram a fé cristã, enquanto o resto partiu. Uma solene ação de graças, da qual todo o exército participou, foi oferecida pelo bispo de Puy, e a lança sagrada foi visitada por todos os soldados.

O entusiasmo durou alguns dias, e o exército exigiu clamorosamente ser enviado a Jerusalém, a grande meta de todos os desejos; mas nenhum dos líderes ansiava se mexer — os mais prudentes dentre eles, como Godofredo e Tancredo, por motivos de conveniência; os mais ambiciosos, como o conde de Toulouse e Boemundo, por motivos de interesse próprio. Dissensões surgiram mais uma vez entre os senhores. Raimundo de Toulouse, que fora deixado em Antioquia para proteger a cidade, exigiu a rendição da fortaleza assim que viu que não havia perigo de nenhum ataque da parte dos persas; e os outros senhores encontraram, ao retornar, o estandarte dele tremulando sobre os muros. Boemundo, que estipulara a primazia de Antioquia como sua recompensa pela conquista da cidade, ofendeu-se muito com isso. Godofredo e Tancredo apoiaram sua reivindicação e, depois de muitas querelas, a bandeira de Raimundo foi tirada da torre e a de Boemundo, que assumiu a partir daquele momento o título de príncipe de Antioquia, foi erguida no lugar. Raimundo, porém, insistiu em reter a posse de uma das muralhas da cidade e das torres adjacentes, as quais manteve por vários meses, para grande incômodo de Boemundo e escândalo do exército. O conde se tornou, em consequência disso, extremamente impopular, embora sua ambição não fosse nem um pouco menos razoável do que a do próprio Boemundo, nem que a de Balduíno, que estabelecera seus alojamentos em Edessa, onde exercia as funções de um soberano menor.

Barthelemi passando pela Provação do Fogo. Gustave Doré.

O destino de Pedro Bartolomeu merece ser registrado. Ele fora coberto de respeito e honra depois do caso da lança, e, em consequência, sentiu-se obrigado a continuar a ter os sonhos que tinham-no tornado um personagem de tanta importância. A infelicidade é que, como muitos outros mentirosos, ele tinha péssima memória, e conseguia fazer com que seus sonhos se contradissessem do modo mais palpável. Certa noite, São João lhe aparecia e contava uma história, e, uma semana depois, São Paulo contava uma história totalmente diferente, e oferecia esperanças de todo incompatíveis com as de seu irmão apostólico. Como a credulidade da época era voraz, as visões de Pedro devem ter sido de fato absurdas e ultrajantes para que os mesmos homens que haviam acreditado na lança se recusassem a engolir qualquer outro prodígio dele. Boemundo, por fim, com o propósito de irritar o conde de Toulouse, desafiou o pobre Pedro a provar a veracidade de sua história da lança por um ordálio de fogo. Pedro não podia recusar julgamento tão comum na época, e foi, além disso, encorajado pelo conde e por seu capelão, Raimundo. Passou-se a noite anterior em orações e jejum, como era o costume. Pedro se apresentou de manhã, impaciente pelo resultado, muitos milhares acreditando ainda que a lança era genuína, e Pedro, um santo. Feitas as preces, ele adentrou as chamas, e quase as atravessara quando a dor fez com que perdesse sua presença de espírito: o calor também lhe afetou os olhos e, na sua aflição, ele inadvertidamente deu meia-volta e passou pelo fogo novamente, em vez de sair dele, como deveria ter feito. O resultado foi que ele teve queimaduras tão severas que jamais se recuperou, e, depois de resistir por alguns dias, expirou em enorme agonia.

A maior parte dos soldados vinha sofrendo de feridas, doenças ou esgotamento, e foi decidido por Godofredo — reconhecido tacitamente como o líder da expedição — que o exército precisava de tempo para se revigorar antes de partir para Jerusalém. Como era julho, ele propôs que passassem os meses quentes de agosto e setembro do lado de dentro das muralhas de Antioquia, e marchassem em outubro com renovado vigor e quantidades reforçadas por recém-chegados da Europa. Por fim, adotou-se essa diretriz, embora os mais entusiasmados continuassem a murmurar contra a demora.

AS CRUZADAS

Apesar dessa resolução, os senhores não eram capazes de ficar parados por tanto tempo. Com toda a probabilidade, teriam guerreado entre si se não houvesse, na Palestina, turcos contra os quais podiam descarregar sua impetuosidade. Godofredo partiu para Edessa, para ajudar seu irmão, Balduíno, a expulsar os sarracenos de seu principado, e os outros líderes empreenderam hostilidades contra eles em separado, conforme ditado pelo capricho ou pela ambição. Por fim, a impaciência do exército para ser levado a Jerusalém se tornou tão grande que os senhores já não podiam mais protelar, e Raimundo, Tancredo e Roberto da Normandia marcharam com suas divisões e armaram cerco contra a pequena mas forte cidade de Mará. Com a imprevidência de costume, não tinham alimento suficiente para sustentar um exército de cerco por uma semana. Assim, sofreram grandes privações, até que Boemundo veio em seu auxílio e tomou a cidade como uma tempestade.

Novos conflitos em relação à captura dessa cidade, acalmados com o máximo de dificuldade pelos outros senhores, surgiram entre o príncipe de Antioquia e o conde de Toulouse. Godofredo então incendiou seu acampamento em Arches e seguiu adiante. Juntaram-se a ele de imediato centenas de provençais do conde de Toulouse, o qual, observando o rumo que os eventos vinham tomando, correu no seu encalço, e toda a hoste prosseguiu rumo à Terra Santa, tão cobiçada em meio a tristeza, sofrimento e perigo. Em Emaús, eles foram recebidos por uma delegação de cristãos de Belém que implorava por auxílio imediato contra a opressão dos infiéis. O nome mesmo de Belém, o local de nascimento do Salvador, foi música aos ouvidos deles, e muitos choraram de alegria de pensar que se aproximavam de um local tão sagrado. Os corações foram tão profundamente tocados que o sono se esvaiu do acampamento, e, em vez de esperar até a aurora para recomeçar a marcha, eles partiram pouco depois da meia-noite, cheios de esperança e entusiasmo. Por mais de quatro horas, as legiões em armaduras avançaram firmes pela escuridão, e quando o sol nasceu num esplendor sem nuvens, as torres e os pináculos de Jerusalém brilhavam às suas vistas. Todos os sentimentos ternos que possuíam despertaram; não mais fanáticos brutais, mas peregrinos humildes e mansos, eles se ajoelharam na relva, exclamando uns para os outros com lágrimas nos olhos:

A HISTÓRIA DAS ILUSÕES E LOUCURAS DAS MASSAS

"Jerusalém! Jerusalém!". Alguns beijaram a Terra Santa, outros se esticaram sobre ela, para que seus corpos pudessem ter o máximo de contato possível com ela, e outros rezaram em voz alta. As mulheres e crianças que haviam seguido o acampamento desde a Europa, partilhando de todos os perigos, fadigas e privações, expressaram alegria ainda mais turbulenta, e rezaram, choraram e riram até quase fazer com que os mais sóbrios corassem.

Assim que a primeira ebulição de alegria se acalmou, o exército seguiu em frente e investiu contra a cidade por todos os lados. O assalto começou quase imediatamente; mas depois de perder alguns dos cavaleiros mais corajosos, os cristãos abandonaram esse modo de ataque e começaram as preparações para um cerco comum. Manganelas, torres móveis e aríetes, junto com uma máquina chamada porca, feita de madeira e coberta com couro cru, dentro da qual mineiros trabalhavam para corroer as muralhas, foram construídos sem demora; e para restaurar a coragem e a disciplina do exército, que haviam sofrido muito com as dissensões indignas entre os chefes, estes estenderam a mão da amizade uns aos outros, e Tancredo e o conde de Toulouse abraçaram-se à vista de todo o acampamento. O clero, com sua poderosa voz, prestou auxílio à causa, pregando união e boa vontade aos mais elevados e aos mais humildes. Ordenou-se ainda uma procissão solene, da qual todo o exército participou, em volta da cidade, com o oferecimento de orações em todos os locais que os evangelhos lhes ensinaram a considerar especialmente sagrados.

Os sarracenos nos baluartes contemplaram todas essas manifestações sem alarme. Para exasperar os cristãos, os quais desprezavam, construíram cruzes rudimentares, pregaram-nas sobre as muralhas, cuspiram nelas e malharam-nas com sujeira e pedras. Esse insulto ao símbolo de sua fé aumentou a cólera dos cruzados a tal ponto que a bravura se transformou em ferocidade, e o entusiasmo, em insanidade. Quando todos os instrumentos de guerra ficaram prontos, o ataque foi retomado, e cada soldado do exército cristão lutou com o vigor que o senso de uma ofensa pessoal invariavelmente inspira. Todo homem havia sido pessoalmente ultrajado, e os cavaleiros trabalharam nos aríetes com a mesma prontidão do soldado mais vulgar, ainda que as flechas e bolas de fogo dos sarracenos caíssem sobre eles com volume e velocidade, enquanto os mais hábeis arqueiros do exército se esfalfavam sem descanso nos vários andares das torres móveis distribuindo a morte aos turcos nos acampamentos. Godofredo, Raimundo, Tancredo e Roberto da Normandia, cada um deles em sua respectiva torre, lutaram por horas com energia inesgotável, foram muitas vezes repelidos, mas estavam sempre prontos a renovar a luta. Os turcos, não mais desprezando o inimigo, defenderam-se com o máximo de habilidade e valentia até que a escuridão trouxe a cessação das hostilidades. Breve foi o sono no acampamento cristão naquela noite. Os padres ofereceram orações solenes em prol do triunfo da cruz nessa última grande batalha em meio aos soldados atentos, e assim que raiou a manhã todos estavam prontos para a brigas. As mulheres e crianças prestaram seu auxílio, correndo despreocupados para lá e para cá carregando água para os combatentes sedentos enquanto as flechas caíam sobre eles. A crença era de que os santos contribuíam para o esforço de guerra, e o exército, impressionado por essa ideia, superava dificuldades que teriam feito tremer uma força que, sem a mesma fé, teria fraquejado e sido derrotada ainda que fosse três vezes mais numerosa.

Raimundo de Toulouse enfim forçou sua entrada na cidade por meio da escalada, e, exatamente no mesmo momento, Tancredo e Roberto da Normandia romperam uma das muralhas. Os turcos correram para reparar o dano, e Godofredo de Bulhão, vendo os acampamentos comparativamente desertos, desceu a ponte levadiça de sua torre móvel e avançou, seguido por todos os cavaleiros de sua companhia. Um instante depois, a bandeira da cruz tremulava sobre os muros de Jerusalém. Os cruzados, entoando uma vez mais seu temível grito de guerra, avançaram por todos os lados, e a cidade foi tomada. A batalha ferveu nas ruas por várias horas, e os cristãos, lembrando-se do insulto à sua fé, não tiveram clemência com jovens nem com velhos, com homens nem com mulheres, com fortes nem com doentes. Nem um dos líderes sentiu-se livre para dar ordens de interromper a carnificina, e, ainda que o tivesse feito, não teria sido obedecido. Os sarracenos fugiram em grande número para a mesquita de Solimão, mas não tiveram tempo de fortificar-se nela antes de os cristãos caírem sobre eles. Relata-se que apenas nesse edifício dezenas de milhares de pessoas pereceram.

Pedro, o Eremita, que permanecera tanto tempo sob o véu da negligência, foi compensado naquele dia por todo o seu zelo e todos os seus sofrimentos. Assim que a batalha acabou, os cristãos de Jerusalém saíram de seus esconderijos para saudar os libertadores, e de imediato reconheceram o Eremita como o peregrino que, anos antes, lhes falara com tanta eloquência das ofensas e dos insultos que tinham sofrido e prometera estimular os reis e os povos da Europa a correr em seu socorro. Eles se agarraram à barra de suas vestes no fervor da gratidão, prometendo lembrar-se dele em suas preces para sempre. Pedro, mais tarde, exerceu alguma função eclesiástica na Cidade Santa, mas qual foi ela, bem como qual foi seu destino último, a história se esqueceu de nos informar.

A grande meta pela qual os enxames populares da Europa haviam abandonado suas casas fora alcançada. As mesquitas de Jerusalém foram convertidas em igrejas, e o monte do calvário e o sepulcro de Cristo deixaram de ser profanados pela presença e pelo poder dos infiéis. O frenesi popular cumprira sua missão e, como consequência natural, começou a cessar daquele momento em diante. A notícia da conquista de Jerusalém trouxe da Europa peregrinos em quantidade, porém, não existia mais entre as nações o mesmo entusiasmo de antes.

Assim termina a primeira cruzada. Para que se compreenda melhor a segunda, será necessário descrever o intervalo entre ela e a primeira, e fazer um breve apanhado da história de Jerusalém sob seus reis latinos, as guerras longas e infrutíferas que continuaram a travar com os invencíveis sarracenos, e os resultados medíocres e miseráveis advindos de tão amplo dispêndio de zelo e tão deplorável desperdício de vidas humanas.

A necessidade de ter algum senhor reconhecido logo se fez sentir pelos cruzados, e Godofredo de Bulhão, menos ambicioso que Boemundo e Raimundo de Toulouse, consentiu com frieza em empunhar o cetro que estes teriam agarrado com avidez. Assim que ele foi investido do manto real, os sarracenos aterrorizaram a capital. Com grande vigor e discernimento, ele se esforçou para manter as vantagens que ganhara, marchando para encontrar o inimigo antes que este tivesse tempo de cercá-lo em Jerusalém, dando-lhe batalha em Ascalon e derrotando-o com grandes perdas. Godofredo não gozou da nova dignidade por muito tempo, porém — foi acometido de uma doença fatal com apenas nove meses de reinado. A ele sucedeu seu irmão, Balduíno de Edessa, que fez muito para melhorar as condições de Jerusalém e ampliar seu território, mas não conseguiu criar uma base sólida para seus sucessores. Por cinquenta anos, os cruzados foram expostos a hostilidades ferozes e constantes, ganhando batalhas e territórios com a mesma frequência com que os perdiam, mas tornando-se a cada dia mais fracos e mais divididos, ao passo que os sarracenos se tornavam cada vez mais unidos para acossá-los e extirpá-los. As batalhas desse período foram das mais cavalheirescas, e atos de heroísmo quase sem paralelo nos anais da guerra foram realizados pelo punhado de valentes cavaleiros que permaneceram na região. No decurso do tempo, porém, os cristãos não puderam deixar de ter certo respeito pela coragem e certa admiração pelos costumes polidos e pela avançada civilização dos sarracenos, muito superior à grosseria e ao semibarbarismo da Europa da época. A diferença de fé não os impediu de formar alianças com as donzelas de olhos negros do Oriente. Um dos primeiros a dar o exemplo com uma esposa pagã foi o próprio rei Balduíno, e ligações desse tipo foram se tornando não apenas frequentes, mas quase universais entre os cavaleiros que tinham se decidido por passar a vida na Palestina. Embora as senhoras orientais fossem obrigadas a se submeter à cerimônia de batismo antes de ser recebidas nos braços de um senhor cristão, elas, assim como seus descendentes, naturalmente viam os sarracenos com menos ódio que os zelotes que tinham conquistado Jerusalém e que acreditavam ser um pecado digno da cólera divina poupar um infiel. Conta-se, por consequência, que as mais obstinadas batalhas dos reinados posteriores de Jerusalém foram travadas pelos contingentes novos e crus que chegavam da Europa de tempos em tempos, seduzidos pela esperança de glória ou impulsionados pelo fanatismo. Eles quebravam sem escrúpulos as tréguas estabelecidas entre os conquistadores originais e os sarracenos, trazendo severas retaliações a muitos milhares de seus irmãos de fé que tinham mais prudência do que zelo e cujo principal desejo era viver em paz.

As coisas continuaram nesse estado insatisfatório até o fim do ano de 1145, quando Edessa, a forte cidade fronteiriça do reino cristão, caiu nas mãos dos sarracenos. Estes eram comandados por Zengi, um monarca poderoso e empreendedor, sucedido por seu filho Noradine, igualmente poderoso e empreendedor. O conde de Edessa fez uma tentativa malsucedida de reconquistar a fortaleza, mas Noradine, com um grande exército, veio em socorro dela, e depois de derrotar o conde num grande massacre, marchou sobre Edessa e fez com que suas fortificações fossem demolidas, para que a cidade nunca mais se tornasse bastião de defesa do reino de Jerusalém. A estrada para a capital estava aberta, e a consternação se apossou dos corações dos cristãos. Sabia-se que Noradine esperava apenas uma oportunidade favorável para avançar sobre Jerusalém, e os exércitos da cruz, enfraquecidos e divididos, não estavam em condições de oferecer nenhuma resistência. Cheio de tristeza e preocupação, o clero escreveu repetidas cartas ao papa e aos soberanos da Europa, advertindo sobre a conveniência de uma nova cruzada para o alívio de Jerusalém. Como os padres da Palestina eram, em sua maioria, nativos da França, naturalmente eles olharam primeiro para o próprio país. As solicitações que enviaram a Luís VII eram urgentes e repetidas com frequência, e os cavaleiros da França começaram a falar uma vez mais de armar-se em defesa do local de nascimento de Jesus. Os reis da Europa, que não tinham tido nenhum interesse em tomar parte da primeira cruzada, começaram a se preparar para essa; e apareceu um homem tão eloquente quanto Pedro, o Eremita, para estimular o povo como ele fizera.

O fato é, porém, que o entusiasmo pela segunda cruzada não se igualou ao da primeira; a mania chegara ao clímax no tempo de Pedro, o Eremita, e decaiu com regularidade a partir daí. A terceira cruzada foi menos ampla que a segunda, e a quarta, menos que a terceira, e assim por diante, até que o entusiasmo público se extinguiu, e Jerusalém retornou, por fim, ao domínio de seus antigos senhores sem distúrbios da cristandade. Várias razões foram oferecidas para isso, e uma das mais satisfatórias foi a de M. Guizot, na sua oitava palestra sobre a civilização europeia: "Uma grande mudança havia ocorrido nas ideias,

AS CRUZADAS

nos sentimentos e nas condições sociais. Os mesmos desejos e as mesmas necessidades já não eram sentidos. Já não se acreditava nas mesmas coisas. As pessoas se recusavam a crer naquilo de que seus ancestrais estavam persuadidos".

Este é, na verdade, o segredo da mudança; sua veracidade se torna mais manifesta à medida que avançamos na história das cruzadas, e comparamos o estado da mentalidade pública nos diferentes períodos em que Godofredo de Bulhão, Luís VII e Ricardo I foram os senhores e líderes do movimento. As próprias cruzadas foram um meio de operar uma grande mudança nas ideias nacionais e de fazer a civilização da Europa avançar. Na época de Godofredo, os nobres eram poderosíssimos e muito opressivos, igualmente detestáveis para os reis e para o povo. Durante a ausência deles, combinada à daquela parcela da população mais profundamente mergulhada na ignorância e na superstição, tanto os reis quanto o povo se fortificaram contra a renovação da tirania aristocrática, tornando-se civilizados na mesma proporção em que se tornaram livres. Foi nesse período, na França, o grande centro da loucura das cruzadas, que as comunas começaram a adquirir força e o monarca passou a possuir poder tangível, e não simples autoridade teórica. A ordem e o conforto começaram a criar raízes, e, em consequência, quando se pregou a segunda cruzada, os homens se mostraram muito menos dispostos a abandonar a própria casa do que durante a primeira. Os peregrinos que haviam retornado da Terra Santa vieram com a mente mais liberal e ampla do que quando partiram. Eles tinham entrado em contato com um povo mais civilizado do que eles mesmos; e visto algo mais do mundo, e perdido alguma porção, ainda que pequena, do preconceito e do fanatismo da ignorância. A instituição da cavalaria também exerceu a sua influência humanizante: atravessando a provação clara e aprazível das cruzadas, abrandou o caráter e melhorou o coração da ordem aristocrática. Os trovadores, cantando de amor e guerra em cores agradáveis a todas as classes da sociedade, ajudaram a arrancar pela raiz as lúgubres superstições que, na primeira cruzada, enchiam as mentes de todos aqueles que eram capazes de pensar. Os homens, em consequência, saíram do jugo exclusivo do clero e perderam muito da credulidade que antes os distinguia.

Tal era o estado mental da Europa quando o papa Eugênio, comovido pelas reiteradas súplicas dos cristãos da Palestina, encarregou São Bernardo de pregar uma nova cruzada. São Bernardo era supremamente qualificado para a missão — era dotado de uma eloquência da mais alta ordem, podia levar um auditório a lágrimas ou a risadas ou à fúria, como bem entendesse, e vivia uma vida de virtudes tão rígida e abnegada que nem mesmo a calúnia era capaz de lhe apontar o dedo. Após ter renunciado aos mais elevados prospectos na Igreja, ele se contentou com a simples Abadia de Claraval, de modo a ter o tempo livre que desejava para levantar sua poderosa voz contra abusos onde quer que os encontrasse. O vício tinha nele um repreensor austero e inflexível; homem algum era demasiado elevado para a sua censura, nem demasiado baixo para a sua solidariedade. São Bernardo era tão perfeitamente adequado para a sua época quanto Pedro, o Eremita, fora para a precedente. Ele apelava mais à razão; seu predecessor, mais às paixões; Pedro reunira uma turba, ao passo que São Bernardo reuniu um exército. Ambos eram dotados de igual zelo e perseverança, provenientes do impulso em um, e no outro, da convicção e do desejo de aumentar a influência da Igreja, o grande corpo do qual ele era pilar e ornamento.

Um dos primeiros convertidos que São Bernardo fez era um exército em si mesmo. Luís VII era tanto supersticioso quanto tirânico, e em um acesso de remorso pelo massacre que autorizara no saque de Vitry, fizera o voto de empreender uma jornada à Terra Santa. Era essa a disposição dele quando São Bernardo começou a pregar, e não precisou de muita persuasão para embarcar na causa. Seu exemplo teve grande influência sobre os nobres, que, empobrecidos como muitos estavam pelos sacrifícios que seus pais tinham feito nas guerras santas, ansiavam por reparar suas fortunas arruinadas com conquistas em terras estrangeiras. Eles partiram com tantos vassalos quantos eram capazes de comandar e, em muito pouco tempo, formou-se um exército que chegava a 200 mil homens. O monarca recebeu a cruz das mãos de São Bernardo em uma plataforma elevada à vista de todos. Vários nobres, três bispos e a rainha estavam presentes à cerimônia e alistaram-se sob a bandeira da cruz, com São Bernardo cortando pedaços de suas vestimentas sacerdotais vermelhas para que com eles fossem bordadas cruzes nos ombros das pessoas. Leu-se à multidão uma exortação do papa garantindo remissão dos pecados a todos que participassem da cruzada, e orientando que nenhum homem naquela jornada santa deveria se incumbir de bagagens pesadas e supérfluos, e que os nobres não deveriam viajar com cachorros nem falcões, que os desviavam da estrada, como acontecera com tantos na primeira cruzada.

As Cruzadas foram expedições militares organizadas entre 1095 e 1291 pelas potências cristãs europeias. Seu objetivo era combater o domínio islâmico na chamada Terra Santa, reconquistando Jerusalém e outros lugares por onde Jesus teria passado em vida.

O comando do exército foi oferecido a São Bernardo; mas ele teve a prudência de recusar uma posição para a qual seus hábitos o haviam tornado desqualificado. Após consagrar Luís, com grande solenidade, como chefe da expedição, ele continuou seu curso pelo país, impulsionando o povo aonde quer que fosse. Depois seguiu para a Alemanha, onde sua pregação alcançou sucesso similar. O renome de sua santidade o precedia, e ele encontrava em toda parte audiências cheias de admiração. Milhares de pessoas que não eram capazes de entender uma única palavra do que São Bernardo dizia amontoavam-se em volta dele para ter um vislumbre de homem tão santo; e os cavaleiros alistaram-se em grandes números na causa da cruz, cada um deles recebendo das mãos do santo o símbolo da causa. Embora o povo não tivesse sido seduzido em massas imensas como no movimento anterior, o entusiasmo ainda era muito grande. As histórias extraordinárias que eram ouvidas, e nas quais se acreditava, dos milagres realizados pelo pregador traziam as pessoas de perto e de longe para vê-lo. Dizia-se que demônios desapareciam ao avistá-lo, e as doenças da mais maligna natureza eram curadas pelo seu toque. Por fim, o imperador Conrad foi contagiado por seus súditos e declarou a intenção de seguir a cruz.

Sob suas ordens, as preparações para a guerra decorreram com vigor, de modo que em menos de três meses ele se achava na liderança de um exército contendo pelo menos 150 mil homens na ativa, além de um grande número de mulheres que seguiram os maridos e os amantes à guerra. Conrad ficou pronto para partir muito antes do monarca francês, e em junho de 1147 chegou às portas de Constantinopla, após passar pela Hungria e pela Bulgária sem ofender os habitantes.

Manuel Comneno, o imperador bizantino, herdeiro não apenas do trono, mas da política de Aleixo, viu com alarme as novas levas que chegavam para devorar sua capital e ameaçar-lhe a tranquilidade. Houve conflitos desde o início. Seus súditos, orgulhosos de sua civilização superior, chamavam os alemães de bárbaros, ao passo que estes, que eram pelo menos honestos e diretos ainda que semibárbaros, reagiam aos gregos chamando-os de velhacos de duas caras e traidores. Surgiram disputas contínuas entre eles, e Conrad, que até aquele momento conseguira preservar tão bem a ordem entre seus seguidores, foi

AS CRUZADAS

incapaz de conter a indignação deles quando chegaram a Constantino-pla. Por uma ou outra ofensa que os gregos lhes tinham feito, mas que é antes sugerida que declarada com todas as letras pelos parcos histo-riadores da época, os alemães invadiram o magnífico jardim dos praze-res do imperador, que tinha uma valiosa coleção de animais domados, para os quais se haviam estabelecido habitações em florestas, cavernas, bosques e córregos, de modo que pudessem manter em cativeiro os mesmos hábitos que tinham na natureza. Os furiosos alemães, fazendo jus à acusação de bárbaros que lhes havia sido lançada, devastaram esse agradável retiro, matando ou soltando os valiosos animais. Manuel, que ao que se conta contemplou a devastação da janela do palácio sem poder nem coragem de impedi-la, ficou completamente desgostoso com os visitantes, e decidiu, como seu predecessor, livrar-se deles na pri-meira oportunidade. Ele mandou uma respeitosa mensagem a Conrad solicitando uma audiência, mas o alemão, desconfiado, recusou-se a adentrar os muros de Constantinopla. O imperador bizantino, de sua parte, achou incompatível tanto com sua dignidade quanto com sua se-gurança ir até o alemão, e vários dias se consumiram em negociações insinceras. Manuel por fim concordou em fornecer ao exército cruzado guias para conduzi-lo pela Ásia Menor, e Conrad atravessou o Darda-nelos com suas forças.

Os historiadores são quase unânimes na crença de que o astuto grego instruiu os guias a levar o exército do imperador alemão a peri-gos e dificuldades. É certo que em vez de guiá-lo a distritos que ofere-ceriam água e provisões, eles o conduziram aos ermos da Capadócia, onde não havia nem uma nem outras, e onde foi repentinamente ataca-do pelos turcos, que tinham números imensos. Os guias, cuja desleal-dade torna-se manifesta só por esse fato, fugiram ao primeiro sinal do exército turco, e os cristãos foram abandonados para travar uma guer-ra injusta com o inimigo, enredados e desnorteados nos ermos deser-tos. Labutando em suas pesadas armaduras, os alemães não conseguiram resistir com eficácia à ágil cavalaria turca, que estava so-bre eles em um instante e fora de vista no instante seguinte. Ora na frente, ora na retaguarda, o rápido adversário despejava suas flechas sobre eles, atraindo-os a pântanos e buracos, dos quais só conseguiam sair depois de longos esforços e grandes perdas. Confusos por esse procedimento de guerra, os alemães perderam a noção da direção que seguiam, e foram para trás em vez de ir para a frente. Sofrendo ao mesmo tempo com a falta de provisões, tornaram-se presa fácil de seus perseguidores. O conde Bernhard, um dos mais valentes líderes da expedição alemã, foi cercado com toda a sua divisão, da qual nem sequer um homem escapou das flechas turcas. O próprio imperador, seriamente ferido por duas vezes, quase foi vitimado. Tão perseverante era o inimigo e tão incapazes os alemães de ao menos mostrar resistência que, quando finalmente alcançou a cidade de Nice, Conrad constatou que, em vez de estar à frente de uma imponente força de 100 mil homens a pé e 70 mil a cavalo, não tinha mais que 50 mil ou 60 mil homens, na mais esgotada e exausta das condições.

Totalmente ignorante da traição do imperador, embora tivesse sido advertido sobre tomar cuidado, Luís VII prosseguiu para Constantinopla à frente de seu exército através de Worms e Ratisbona. Nesta última foi recebido por uma delegação de Manuel, que trazia cartas tão cheias de hipérboles e lisonjas que se reporta que Luís corou quando para ele foram lidas. A meta da delegação era obter do rei francês a promessa de passar pelos territórios bizantinos de modo pacífico e tranquilo e de ceder ao imperador qualquer conquista que viesse a fazer na Ásia Menor. Assentiu-se imediatamente à primeira parte da proposição, mas a segunda e menos razoável foi ignorada. Luís continuou a marchar e, passando pela Hungria, montou barracas nos arredores de Constantinopla.

Na sua chegada, Manuel enviou-lhe um amigável convite para adentrar a cidade liderando um pequeno grupo. Aceitando-o de imediato, Luís foi recebido pelo imperador no pórtico do palácio. Para induzi-lo a ceder as suas conquistas futuras ao imperador as mais maravilhosas promessas foram feitas, todas as artes que a bajulação podia conceber foram empregadas, assim como todos os argumentos. No entanto, Luís se recusou obstinadamente a aceder e voltou ao exército convencido de que o imperador era um homem no qual não se podia confiar. As negociações, porém, continuaram por vários dias, para a grande insatisfação do exército francês. E notícias de um tratado entre Manuel e o sultão turco transformaram a insatisfação em fúria, o que fez com que os líderes exigissem entrar em combate contra Constantinopla, jurando que reduziriam aquela cidade traiçoeira a pó. Luís não se sentiu inclinado a consentir nessa proposta e, desmontando seu acampamento, partiu para a Ásia.

Nessa região ele, enfim, soube dos infortúnios do imperador alemão, a quem encontrou numa aflitiva situação em Nice. Unindo suas forças, os dois monarcas marcharam juntos pela costa marinha para Éfeso; mas Conrad, com ciúme, ao que parece, dos números superiores do francês, e não desejando reduzir-se a vassalo, por ora, de seu rival, retirou-se abruptamente com o restante de suas legiões e retornou a Constantinopla. Manuel, todo sorrisos e cortesia, condoeu-se tanto das perdas do imperador alemão e amaldiçoou a estupidez ou deslealdade dos guias de forma aparentemente tão calorosa que Conrad quase se inclinou a acreditar na sua sinceridade.

Marchando em direção a Jerusalém, Luís deparou com o inimigo às margens do rio Menderes. Os turcos impediram a travessia do rio, mas os franceses subornaram um camponês para que lhes mostrasse um vau um pouco abaixo: cruzando o rio sem dificuldades, eles atacaram os turcos com grande vigor e os puseram para correr. Se estes foram derrotados de fato ou só fingiram ter sido não se sabe, mas a última suposição parece ser a verdadeira. É provável que a atitude fizesse parte de um plano tramado para dirigir os invasores para um solo que lhes fosse menos favorável, no qual sua destruição poderia ser mais certa. Se o esquema foi esse, teve enorme sucesso. Os cruzados, no terceiro dia depois da vitória, chegaram a um desfiladeiro acentuado, em cujo cume as hostes turcas esconderam-se com tanta habilidade que não se podia perceber o mais ínfimo vestígio de sua presença. Com passos laboriosos e lentos, os cristãos subiam o acentuado aclive quando de repente um imenso fragmento de pedra desceu aos saltos pelo precipício com um estrondo pavoroso, trazendo consigo assombro e morte. No mesmo instante, os arqueiros turcos saltaram de seus esconderijos e descarregaram uma enxurrada de flechas sobre os soldados a pé, que caíam às centenas. Como as flechas ricocheteavam contra as armaduras de ferro dos soldados sem causar danos, os turcos passaram a mirar os corcéis, derrubando cavalo e cavaleiro pelo precipício rumo à rápida torrente que se precipitava lá embaixo. Luís, que comandava a retaguarda, recebeu a primeira notificação do ataque pela visão dos soldados feridos despencando e, desconhecendo os números do inimigo, avançou vigorosamente para interromper, com a sua presença, o pânico que tomara posse do exército. Todos os seus esforços foram em vão. Imensas pedras continuaram a ser lançadas sobre eles à medida que avançavam, trazendo consigo homens e cavalos; e aqueles que conseguiam chegar ao topo eram recebidos pelos turcos e empurrados sobre seus companheiros. O próprio Luís lutou com a energia do desespero, mas teve grande dificuldade de evitar cair nas mãos do inimigo. Por fim, à noite, ele escapou com o que restava de suas forças, estabelecendo posição diante de Antália, onde o rei restaurou a disciplina e a coragem de seus seguidores desorganizados e desalentados e debateu com seus capitães o plano a seguir. Após sofrer severamente tanto de doenças quanto de fome, eles resolveram marchar para Antioquia, que permanecia um principado independente sob os sucessores de Boemundo de Tarento. Nessa época, a soberania cabia a Raimundo, tio de Eleanor de Aquitânia, que, abusando do parentesco com a rainha francesa, esforçou-se para desviar Luís do grandioso objetivo da cruzada — a defesa do reino de Jerusalém — e garantir sua cooperação para ampliar os limites e o poder do principado de Antioquia. O príncipe de Trípoli formulou desígnio similar, mas Luís rejeitou as ofertas de ambos, e marchou para Jerusalém depois de um breve intervalo. O imperador Conrad já esperava por ele lá, depois de ter deixado Constantinopla com promessas de assistência, que jamais chegou, de Manuel Comnenus.

A seguir convocou-se um grande concílio de príncipes da Palestina e líderes da cruzada para discutir as futuras operações da guerra. Ficou determinado que contribuiria mais para a causa da cruz se os exércitos unidos, em vez de prosseguir para Edessa, cercassem a cidade de Damasco e tirassem os sarracenos daquela posição fortificada. Era um plano audacioso que, tivesse sido levado adiante com audácia, teria garantido, com toda a probabilidade, o sucesso da guerra. Mas os líderes cristãos nunca aprenderam com a experiência a necessidade de união, a alma dos grandes empreendimentos. Embora todos tenham concordado com a política a adotar, cada um tinha uma concepção própria dos meios de

AS CRUZADAS

executá-la. Os príncipes de Antioquia e Trípoli tinham ciúme um do outro e do rei de Jerusalém. O imperador Conrad tinha ciúme do rei da França, e o rei da França estava enfastiado de todos eles. Mas ele viera para a Palestina em consequência de um juramento solene; sua religiosidade, ainda que possa ser chamada de fanática, era sincera; e ele estava determinado a persistir até o último momento em que restasse alguma chance de fazer algum bem à causa a que dera seu coração.

Deu-se início, pois, ao cerco de Damasco, que ocorreu com tanta habilidade e vigor que os cristãos ganharam uma vantagem considerável desde o princípio. Por semanas, o cerco foi sustentado, até que as fortificações estilhaçadas e a resistência decrescente dos cercados lhes deram evidência de que a cidade não poderia aguentar muito mais tempo. Nesse momento, o ciúme insano dos líderes levou a dissensões que logo causaram o fracasso último não só do cerco, mas da cruzada. Um livro de culinária moderno, ao dar uma receita para cozinhar uma lebre, diz: "Primeiro capture a lebre, depois a mate". É uma máxima de sabedoria indisputável. Os senhores cristãos não tiveram essa sagacidade naquela ocasião, pois travaram entre si uma disputa violenta pela posse de uma cidade que ainda não haviam conquistado. Já existindo um príncipe de Antioquia e um príncipe de Trípoli, vinte requerentes se apresentaram ao principado de Damasco, e um grande conselho dos líderes foi convocado para determinar sobre qual indivíduo a honra deveria cair. Muitos dias valiosos foram gastos nessa discussão, com o inimigo, enquanto isso, ganhando força com a inatividade deles. Decidiu-se, por fim, depois de uma tempestuosa deliberação, que o conde Roberto de Flandres, que visitara a Terra Santa duas vezes, devia receber a dignidade. Os outros requerentes se recusaram a reconhecê-lo e a cooperar com o cerco até que se chegasse a um acordo mais justo. O acampamento se encheu de suspeitas; os rumores mais sinistros de intrigas e traições circulavam livremente; e os candidatos descontentes retiraram-se, por fim, para o outro lado da cidade, e deram início a operações próprias, sem nenhuma probabilidade de sucesso. A eles logo se juntou o resto do exército. A consequência foi que o lado mais fraco da cidade, que era também aquele no qual o trabalho de demolição estava mais avançado, foi deixado sem proteção. Apressando-se a lucrar com esse erro, o inimigo recebeu um abundante suprimento de provisões e refortificou os muros antes que os cruzados voltassem a si. Quando este desejável evento aconteceu, era tarde demais. O poderoso governador de Mossul estava por perto à frente de um grande exército, avançando em marchas forçadas para liberar a cidade. O cerco foi abandonado abruptamente, e os tolos cruzados retornaram a Jerusalém sem ter feito nada para enfraquecer o inimigo, mas tudo para enfraquecer a si mesmos.

O frescor do entusiasmo desaparecera completamente; o mais reles dos soldados estava enfastiado. Conrad, de cujo feroz zelo inicial tanto se poderia esperar, sentia-se esgotado pelos reveses, e retornou à Europa com os parcos remanescentes de seu grupo. Luís persistiu mais um pouco, por simples vergonha, mas chamados urgentes de casa o induziram a retornar à França. Assim terminou a segunda cruzada. Sua história não passa de uma crônica de derrotas. Quando acabou, o reino de Jerusalém estava em pior estado do que quando ela partiu da Europa, e o resultado não foi nada além de desgraça para seus líderes e desencorajamento para todos os envolvidos.

Chegamos agora à análise da terceira cruzada, bem como das causas que a tornaram necessária. O frenesi epidêmico, que vinha esfriando desde a partida da primeira expedição, a essa altura estava extinto, ou bem próximo disso, e as nações da Europa contemplavam com fria indiferença o armamento de seus príncipes. Mas em seu ambiente natural, a guerra, a cavalaria florescera. Agora no auge da glória, ela continuou a fornecer exércitos para a Terra Santa quando as hostes populares se recusaram a entregar seus corpos capacitados. A poesia, que, mais do que a religião, inspirou a terceira cruzada, era na época uma miragem para o povo, mas os cavaleiros e seus serventes ouviam com deleite as cores marciais e amorosas dos menestréis e trovadores, ardendo de desejo de ganhar o favor do olhar das damas com proezas na Terra Santa. A terceira foi a verdadeira era romântica das cruzadas. Os homens lutavam não tanto pelo sepulcro de Jesus, tampouco pela manutenção de um reino cristão no Oriente, mas para conquistar para si a glória no melhor e praticamente único campo no qual ela poderia ser conquistada. Lutavam não como zelotes, mas como soldados; não pela religião, mas pela honra; não pela coroa do martírio, mas pelo favor da amada.

Não é necessário entrar em detalhes sobre os eventos que levaram à soberania de Saladino no Oriente, nem como, depois de uma sucessão de enfrentamentos, ele plantou uma vez mais a bandeira muçulmana nos acampamentos de Jerusalém. Os cavaleiros e a população cristã, incluindo a grande ordem de São João, os Hospitalários, e a dos Templários, mergulharam nos abismos do vício, foram devastados por ciúmes e disputas indignas e tornaram-se incapazes de resistir aos exércitos bem treinados que o prudente e poderoso Saladino trouxera para esmagá-los. Mas a notícia de sua queda criou uma dolorosa sensação entre a cavalaria da Europa, cujos membros mais nobres estavam ligados aos habitantes da Palestina por muitos laços, tanto de sangue quanto de amizade. As notícias da grande batalha de Tiberíades, na qual Saladino derrotou as hostes cristãs com um massacre terrível, chegaram primeiro à Europa, e foram seguidas em rápida sucessão pelas da captura de Jerusalém, Antioquia, Trípoli e outras cidades. O desânimo se apossou do clero. O papa Urbano III ficou tão afetado pelas notícias que definhou de tristeza e praticamente não voltou a sorrir, até mergulhar no sono da morte. Seu sucessor, Gregório VIII, sentiu a perda com o mesmo pesar, mas, com mais forças para suportá-la, instruiu todo o clero da cristandade a impulsionar o povo às armas em prol da recuperação do Santo Sepulcro. Guilherme, arcebispo de Tiro, um humilde seguidor dos passos de Pedro, o Eremita, deixou a Palestina para pregar aos reis da Europa os infortúnios que testemunhara e incitá-los a prestar socorro. O renomado Frederico Barba Ruiva, imperador da Alemanha, rapidamente reuniu um exército e, atravessando a Síria com menos demora do que qualquer outra força cruzada anterior, derrotou os sarracenos e conquistou a cidade de Icônio. Infelizmente, ele foi podado no meio de sua carreira de sucesso pela imprudência de, estando acalorado, banhar-se no rio Salefe, onde se afogou. O duque de Suábia, que assumiu o comando da expedição, mostrou-se um general não tão capaz, e não obteve nada além de reveses, embora tenha conseguido criar uma base firme em Antioquia até a chegada de apoio da Europa.

Henrique II da Inglaterra e Felipe Augusto da França, encabeçando as respectivas cavalarias, apoiaram a cruzada com toda a influência que podiam exercer, até que guerras e dissenções em casa os afastaram dela por um tempo. Os dois reis encontraram-se na Normandia, no mês de janeiro de 1188, acompanhados por um brilhante grupo de cavaleiros e guerreiros. Guilherme de Tiro estava presente e expôs a causa da cruz com considerável eloquência. Toda a assembleia prestou juramento à causa da cruz e seguiu para Jerusalém. Estabeleceu-se ao mesmo tempo que uma taxa, chamada dízimo de Saladino, que consistia de 10% de todas as posses, seria imposta por toda a cristandade sobre todos aqueles que não quisessem ou não desejassem assumir a cruz. O senhor de qualquer feudo, leigo ou eclesiástico, foi encarregado de cobrar o dízimo dentro da própria jurisdição; e qualquer um que se recusasse a pagar sua cota tornava-se por esse ato servo e propriedade absoluta de seu senhor. Em contrapartida, a maior das indulgências foi mostrada àqueles que assumiram a cruz; nenhum homem tinha liberdade de pará-los por nenhum processo de qualquer tipo, fosse por débito, roubo ou assassinato. O rei da França, ao final da conferência, convocou um parlamento, que corroborou solenemente essas resoluções, e Henrique II, da Inglaterra, fez o mesmo, com idêntico resultado.

Tanto na Inglaterra quanto na França, a taxa causou problemas, e até o clero resistiu a pagá-la, o que mostra a impopularidade da terceira cruzada. No entanto, a cavalaria da Europa ansiava pela batalha: a taxa foi cobrada com rigor, e exércitos da Inglaterra, da França, da Burgúndia, da Itália, de Flandres e da Alemanha logo estavam em campo. Em meio aos preparativos, Henrique II morreu e foi sucedido por seu filho, Ricardo Coração de Leão, que logo fez uma aliança com Felipe Augusto, da França. Os dois jovens, valentes e impetuosos monarcas uniram suas energias para liderar a cruzada.

Quando Ricardo chegou a Acre, onde Felipe já se encontrava, toda a cavalaria da Europa esperava por ele. Guy de Lusignan, o rei de Jerusalém, já havia reunido os audazes cavaleiros do Templo e do Hospital São João, e cercado Acre, que era resolutamente defendida por Saladino, com um exército magnífico tanto por seus números quanto por sua disciplina. Por quase dois anos, os cruzados pressionaram o cerco e fizeram esforços quase sobre-humanos para desalojar o inimigo. Várias batalhas aconteceram nos campos abertos sem nenhuma vantagem decisiva para nenhum dos lados, e Guy de Lusignan estava prestes a desistir de conquistar aquela fortaleza sem auxílio europeu. Sua alegria foi extrema com a chegada de Felipe com toda a sua cavalaria, e ele só esperava a chegada de Coração de Leão para fazer um último ataque decisivo sobre a cidade. Quando a frota da Inglaterra foi avistada na costa da Síria, ergueu-se um clamor universal no acampamento cristão; e quando Ricardo desembarcou com seu grupo, um grito ainda mais alto perfurou até as montanhas do Sul, onde Saladino, com seu exército, se encontrava.

Ricardo Coração de Leão. Pintura.

É característico dessa cruzada que os cristãos e os muçulmanos já não viam uns aos outros como bárbaros para com os quais a misericórdia era um crime. Cada um dos exércitos guardava a mais alta admiração pela bravura e magnanimidade do outro, e em suas tréguas ocasionais se reuniam nos termos mais amigáveis. Os guerreiros muçulmanos eram cheios de cortesia para com os cavaleiros cristãos, e só se lamentavam de que sujeitos tão admiráveis não fossem muçulmanos. Os cristãos, com sentimento precisamente idêntico, exortavam aos céus a nobreza dos sarracenos, e suspiravam de pensar que tanta generosidade e tanto mérito fossem maculados pela descrença em Jesus. Mas quando a peleja começava, todos esses sentimentos desapareciam, e a luta se tornava mortal.

Ricardo e Felipe logo se desentenderam, e recusaram-se a agir em concerto. Em vez de empreender um ataque conjunto à cidade, o francês a assaltou sozinho e foi repelido. Ricardo fez o mesmo, com idêntico resultado. Os dois tentaram subornar os soldados do outro exército para que debandassem ao seu. Nessa indigna rivalidade, o tempo passava, para grande detrimento da disciplina e da eficiência de seus seguidores. Algum bem, no entanto, se alcançou, pois a simples presença dos dois exércitos impediu que a cidade cercada recebesse suprimentos, e os habitantes foram reduzidos pela fome às mais calamitosas privações. Saladino não considerou prudente arriscar uma batalha geral vindo em socorro deles, mas preferiu esperar até que a dissensão enfraquecesse o inimigo e o tornasse uma presa fácil. Talvez tivesse mudado de ideia se conhecesse o verdadeiro grau do infortúnio de Acre, mas só soube dele quando já era tarde demais. Após uma breve trégua, a cidade capitulou em termos tão severos que Saladino se recusou, depois, a ratificá-los. As principais condições foram que a preciosa madeira da verdadeira cruz, capturada pelos muçulmanos em Jerusalém, fosse devolvida; que uma soma de 200 mil moedas de ouro fosse paga; e que todos os prisioneiros cristãos de Acre fossem libertados, junto com 2 mil cavaleiros e milhares de soldados mantidos em cativeiro por Saladino. O monarca oriental, como se pode imaginar, não dava muito valor à madeira da cruz, mas ansiava em mantê-la, pois sabia que a posse dela pelos cristãos faria mais que uma vitória para lhes restaurar a coragem. Ele se recusou, portanto, a entregá-la, e a assentir com qualquer uma das condições; e Ricardo, como ameaçara fazer, ordenou barbaramente que todos os prisioneiros sarracenos em seu poder fossem mortos.

A posse da cidade apenas causou novas e infelizes dissenções entre os líderes cristãos. O arquiduque da Áustria injustificavelmente levantou sua bandeira em uma das torres de Acre, a qual Ricardo, assim que viu, arrancou com as próprias mãos e pisoteou. Felipe, embora não simpatizasse com o arquiduque, ressentiu-se da presunção de Ricardo, e o afastamento entre os dois monarcas se tornou maior do que nunca. Ao mesmo tempo, surgiu uma disputa tola entre Guy de Lusignan e Conrad de Montferrat pela coroa de Jerusalém. Os cavaleiros inferiores não demoraram a imitar o exemplo pernicioso, e os ciúmes, as desconfianças e a má vontade passaram a reinar no acampamento cristão. No meio dessa confusão o rei da França anunciou de repente a intenção de retornar ao próprio país. Cheio de indignação, Ricardo exclamou: "Que pese sobre ele e toda a França a vergonha eterna se, por qualquer causa, ele deixar essa tarefa incompleta!". Mas não foi possível frear Felipe. Sua saúde sofrera com a residência no Oriente e, ambicioso de desempenhar o papel principal, preferiu não desempenhar nenhum do que um secundário em relação a Ricardo. Assim, deixando um pequeno destacamento de burgúndios, ele retornou à França com o restante de seu exército; e Coração de Leão, sem sentir, na multidão de seus rivais, que havia perdido o maior deles, tornou-se dolorosamente convencido de que o braço direito do empreendimento fora cortado.

Depois dessa partida, Ricardo refortificou Acre, restaurou o rito cristão nas igrejas e, deixando uma guarnição cristã para protegê-la, marchou pela costa rumo a Ascalon. Saladino, que estava alerta, enviou seus cavalos leves para atacar a retaguarda do exército cristão, enquanto ele próprio, calculando mal a fraqueza do inimigo com a defecção de Felipe, tentou forçá-lo a um engajamento geral. Os exércitos se encontraram em Azoto, e seguiu-se uma feroz batalha, na qual Saladino foi derrotado e posto para correr. A estrada para Jerusalém foi aberta aos cruzados.

Mais uma vez, a discórdia exerceu sua nefasta influência, impedindo que Ricardo tirasse vantagem da vitória. Os outros líderes, invejosos de sua bravura e influência, constantemente se opunham a suas opiniões; e o exército, em vez de marchar para Jerusalém, ou mesmo para

A HISTÓRIA DAS ILUSÕES E LOUCURAS DAS MASSAS

Ascalon, como se pretendia de início, seguiu para Jafa, onde permaneceu ocioso até que Saladino estivesse em condições de travar batalha contra ele novamente. Muitos meses se passaram em hostilidades infrutíferas e negociações tão infrutíferas quanto. Por fim, decidiu-se partir para a Terra Santa; mas o progresso feito foi tão lento e penoso que os soldados começaram a murmurar, e os líderes consideraram a retirada. O tempo estava quente e seco e havia pouca água disponível. Saladino obstruíra todos os poços e cisternas na rota, e o exército não teve zelo suficiente para seguir adiante em meio a tanta privação. Em Belém, um conselho se reuniu para debater se era preferível retroceder ou avançar. Decidiu-se pela retirada, que começou imediatamente. Conta-se que Ricardo chegou a uma montanha de onde era possível ver as torres de Jerusalém, e que o afetou tanto estar tão perto dela, mas tão incapaz de libertá-la, que ele escondeu a face sob seu escudo e chorou de soluçar.

O exército se separou em duas divisões, a menor recorrendo a Jafa, e a maior, comandada por Ricardo e pelo duque da Burgúndia, retornado a Acre. Antes que o rei inglês fizesse todos os preparos para seu retorno à Europa, um mensageiro chegou a Acre com a notícia de que Jafa estava cercada por Saladino e que, se não fosse socorrida imediatamente, seria tomada. Os franceses, sob o duque da Burgúndia, achavam-se tão esgotados pela guerra que se recusaram a ajudar seus irmãos em Jafa. Ricardo, corando de vergonha com a pusilanimidade deles, convocou os ingleses ao resgate, chegando bem a tempo de salvar a cidade. Só o nome dele bastou para pôr os sarracenos para correr, tamanho era o pavor que tinham de sua bravura. Saladino tinha por ele a maior admiração, e quando Ricardo, depois da vitória, pediu paz, assentiu prontamente. Estabeleceu-se uma trégua de três anos e oito meses, durante a qual os peregrinos cristãos poderiam visitar Jerusalém sem obstáculos nem pagamento de nenhuma taxa. Permitiu-se aos cruzados conservar as cidades de Tiro e Jafa, com a porção de terra entre elas. Saladino, com majestosa generosidade, convidou muitos dos cristãos a visitar Jerusalém; e vários dos líderes aproveitaram a oferta para fartar os olhos de um local que todos consideravam tão sagrado. Muitos deles foram entretidos por dias no palácio pessoal do sultão, do qual retornaram com a língua carregada de louvores ao nobre infiel.

AS CRUZADAS

Ricardo e Saladino nunca se encontraram, mas ambos admiravam a intrepidez e a nobreza de alma do rival, e concordaram com termos bem menos onerosos do que cada um deles teria aceitado se essa admiração mútua não existisse.

O rei da Inglaterra precisou partir, pois mensageiros de seu país trouxeram notícias imperativas de que sua presença era necessária para deter as intrigas que fervilhavam contra sua coroa. E assim terminou a terceira cruzada, menos destrutiva em termos de vidas humanas que as duas anteriores, mas tão inútil quanto elas.

Apesar de a chama do entusiasmo popular estar agora quase apagada, os esforços de papas e potentados conseguiram levar à quarta* e quinta cruzadas — esta última, mais importante, teve como resultado o saque de Constantinopla e a instalação de uma dinastia francesa no trono imperial dos césares orientais. Em menos de sessenta anos, no entanto, o trono oriental retornou às mãos dos locais.

A sexta cruzada foi convocada pelo papa Inocêncio III. Como de costume, um número de nobres aventureiros que não tinham nada mais a fazer inscreveu-se junto com seus serventes. Em um concílio em Latrão, Inocêncio anunciou que ele mesmo tomaria a cruz e lideraria os exércitos de Cristo em defesa de Seu sepulcro. É bem provável que o tivesse feito, pois era zeloso o bastante para isso. Mas a morte se interpôs e destruiu o projeto no berço. Seu sucessor, embora encorajasse a cruzada, recusou-se a acompanhá-la; e o armamento continuou na França, na Inglaterra e na Alemanha. Nenhum líder importante desses países aderiu. André, rei da Hungria, foi o único monarca que teve tempo ou inclinação para deixar seus domínios. Os duques da Áustria e da Baviera se juntaram a ele com um considerável exército de alemães.

Toda a conduta do rei da Hungria foi marcada por pusilanimidade e falta de resolução. Ele foi parar na Terra Santa à frente de um exército bastante eficiente; os sarracenos foram pegos de surpresa, e por algumas semanas estiveram despreparados para oferecer qualquer tipo

---

* A partir desta cruzada, as classificações se embaralham, e os historiadores divergem quanto à numeração. A classificação original do autor foi mantida. (N. do T.)

de resistência às suas armas. Derrotando o primeiro corpo enviado para se opor a ele, o rei marchou em direção ao Monte Tabor, com a intenção de conquistar uma importante fortaleza que os sarracenos haviam construído recentemente. Chegando lá sem problemas, André poderia tê-la tomado com facilidade; todavia, um repentino ataque de covardia se apossou dele e fez com que retornasse a Acre sem desferir sequer um golpe. Pouco depois, André abandonou de todo o empreendimento e retornou a seu país.

Reforços tardios chegavam esporadicamente da Europa; e o duque da Áustria, agora o principal líder da expedição, ainda tinha sob seu comando forças suficientes para causar sérios problemas aos sarracenos. Foi decidido por ele, em concílio com os outros senhores, que toda a energia da cruzada deveria ser redirecionada ao Egito, o centro do poder sarraceno em relação à Palestina, de onde partiam as contínuas levas de tropas enviadas contra eles pelo sultão. Damieta, que comandava o rio Nilo e era uma das mais importantes cidades do Egito, foi escolhida como primeiro ponto de ataque. Imediatamente deu-se início ao cerco, que foi sustentado com energia considerável, até que os cruzados tomaram posse de uma torre que era vista como a chave da cidade.

Enquanto comemoravam o sucesso e perdiam em festanças o tempo que deveriam ter empregado para ampliar a vantagem, eles receberam a notícia da morte do sábio sultão Safadino, irmão de Saladino. Seus dois filhos, Camil e al-Mu'azzam, dividiram o império entre si. A Síria e a Palestina ficaram na porção de al-Mu'azzam, e o Egito foi consignado a seu irmão. Camil era impopular entre os egípcios, que se revoltaram contra ele, o que deu aos cruzados a oportunidade de realizar uma conquista maior do que qualquer outra que já tivessem feito antes. Mas, briguentos e licenciosos como sempre, eles não viram a oportunidade ou, vendo-a, não conseguiram aproveitá-la. Enquanto eles farreavam ou brigavam entre si, Camil sufocou a revolta e se estabeleceu com firmeza no trono. Em conjunto com o irmão, sua preocupação seguinte foi expulsar os cristãos de Damieta e, por mais de três meses, eles empregaram todos os seus esforços em fornecer suprimentos aos cercados ou forçar uma batalha com o inimigo. Não tiveram sucesso em nenhum dos dois; e a fome em Damieta se tornou tão pavorosa que

AS CRUZADAS

insetos de todos os tipos eram considerados luxos e vendidos por preços exorbitantes. Um cachorro morto se tornou mais valioso do que um touro vivo em tempos de prosperidade. Os alimentos contaminados espalharam doenças, e a cidade não podia aguentar mais, por falta absoluta de homens para defender seus muros.

Os dois irmãos estavam igualmente interessados na preservação de uma posição tão importante e, convencidos do destino certo da cidade, entraram em negociações com os chefes cruzados, oferecendo abrir mão de toda a Palestina com a única condição de que os cristãos evacuassem o Egito. Com uma cegueira e teimosia quase inacreditáveis, eles recusaram esses termos vantajosos, sobretudo por meio da persuasão do cardeal Pelágio, um fanático obstinado e ignorante, que convenceu os líderes do movimento de que infiéis nunca mantêm a palavra; que a oferta era enganosa e só tinha por intento a traição. Desse modo, as negociações foram encerradas abruptamente pelos cruzados, e um último ataque foi feito contra os muros de Damieta. Os cercados não ofereceram grande resistência, pois não tinham esperanças, e os cristãos, ao entrar na cidade, encontraram, de 70 mil pessoas, não mais que 3 mil remanescentes, tão horrível havia sido a devastação conjunta dos diabos gêmeos, a fome e a peste.

Vários meses se passaram em Damieta. O clima ou enfraqueceu a disposição ou obscureceu o entendimento dos cristãos, pois, depois da conquista, eles perderam toda a energia, e se entregaram mais inescrupulosamente do que nunca à baderna e à devassidão. João de Brienne, que por direito da esposa era o soberano nominal de Jerusalém, ficou tão enojado com a pusilanimidade, a arrogância e as dissenções dos senhores que deixou de todo a companhia deles e se retirou para Acre. Grandes corpos também retornaram para a Europa, e o cardeal Pelágio foi deixado livre para destruir a empreitada assim que quisesse. Após conseguir trazer João de Brienne de volta, ele marchou com as forças combinadas para atacar o Cairo. Porém, a apenas algumas horas de marcha da cidade ele descobriu que seu exército era inadequado. De imediato deu meia-volta, mas o Nilo havia subido desde a partida; as eclusas estavam abertas, e não havia como alcançar Damieta. No meio desses apuros, ele pediu a paz que antes recusara e, para sua sorte, encontrou os generosos irmãos ainda dispostos a concedê-la. Pouco depois, os cristãos deixaram Damieta, e o cardeal retornou à Europa. João de Brienne retornou a Acre para chorar pela perda de seu reino, amargurado com a loucura de seus falsos amigos, que o arruinaram em vez de salvá-lo. E assim terminou a sexta cruzada.

A sétima foi mais bem-sucedida. Frederico II, imperador da Alemanha, jurou muitas vezes levar seu exército à defesa da Palestina, mas foi o mesmo número de vezes impedido de empreender a jornada por temas de importância mais urgente. Embora al-Mu'azzam fosse um monarca dócil e esclarecido, que permitia aos cristãos da Síria gozar de repouso e tolerância, João de Brienne não estava disposto a perder seu reino sem lutar — e os papas estavam sempre dispostos a enredar as nações da Europa em prol da ampliação do próprio poder. Nenhum monarca da época era capaz de prestar auxílio mais efetivo do que Frederico da Alemanha. Para inspirá-lo ainda mais, propôs-se que ele se casasse com a jovem princesa Violante, filha de João e herdeira do reino de Jerusalém. Frederico consentiu com alegria e entusiasmo. Depois do casamento, João de Brienne abdicou de todos os seus direitos em favor do genro, e Jerusalém mais uma vez tinha um rei dotado não apenas da vontade como do poder de fazer valer seus direitos. Os preparativos para a nova cruzada começaram imediatamente, e no curso de seis meses o imperador estava à frente de um disciplinado exército de 60 mil homens. Um exército do mesmo tamanho foi reunido na Inglaterra.

Uma doença pestilencial atrasou a partida de Frederico por vários meses, no entanto. No meio-tempo, a imperatriz Violante morreu ao dar à luz. Assim que viu o único laço que os unia rompido pela morte da filha, João de Brienne, que já se encontrava arrependido da abdicação e, além disso, furioso com Frederico por muitos atos de negligência e ofensa, apressou-se a pressionar o papa a desfazer o que ele havia feito e tentar reconquistar a coroa honorária à qual renunciara. O papa Gregório IX, homem de caráter orgulhoso, agressivo e vingativo, que tinha do imperador não poucos ressentimentos por atos de desobediência à sua autoridade, encorajou as investidas de João mais do que deveria ter feito. Frederico, porém, desprezou ambos, e assim que seu exército começou a se recuperar, partiu para Acre. Pouco depois, ele

AS CRUZADAS

próprio foi atacado pela moléstia e obrigado a retornar a Otranto, o porto mais próximo. Gregório, que já havia decidido em favor de João, excomungou o imperador por retornar de expedição tão santa sob qualquer pretexto que fosse. Frederico de início tratou a excomunhão com desdém supremo; mas quando melhorou, fez com que Sua Santidade entendesse que não seria ultrajado impunemente ao mandar tropas para devastar os territórios papais. Isso, porém, apenas piorou as coisas — Gregório despachou mensageiros para a Palestina proibindo os fiéis, sob severas penalidades, de ter qualquer tipo de relacionamento com o imperador excomungado. Assim, por ação deles, o plano que era tão caro a ambos se prestou a uma ruína maior do que os próprios sarracenos poderiam desejar. Frederico manteve seu zelo na cruzada, pois agora, como rei de Jerusalém, lutava por si mesmo, não pela cristandade nem pelo representante dela, o papa. Ouvindo que João de Brienne se preparava para deixar a Europa, ele não perdeu tempo e partiu para Acre com segurança. E foi ali que experimentou pela primeira vez os efeitos maléficos da excomunhão. Os cristãos da Palestina se recusaram a lhe dar qualquer tipo de auxílio, vendo-o com desconfiança, se não com aversão. Os Templários, os Hospitalários e outros cavaleiros compartilhavam, de início, do sentimento geral; mas não eram homens para prestar obediência cega a um potentado tão distante, especialmente quando fazê-lo comprometia seus próprios interesses. Quando, pois, Frederico se preparou para marchar sobre Jerusalém, eles se juntaram a ele até o último homem.

Conta-se que, antes de deixar a Europa, o imperador alemão já vinha negociando com o sultão Camil a devolução da Terra Santa. Camil propôs uma trégua de três anos, estipulando apenas que se permitisse aos muçulmanos a liberdade de culto no Templo de Jerusalém. Essa feliz resolução não satisfez os fanáticos cristãos da Palestina, que não estavam dispostos a estender aos outros a tolerância que exigiam para si, e reclamaram amargamente do privilégio concedido aos inimigos. Insolentes por efeito da boa sorte sem mérito, eles contestavam o direito do imperador de ser parte de qualquer tipo de tratado enquanto permanecesse sob banimento eclesiástico. Frederico ofendeu-se com seus novos súditos, mas, como os Templários e os Hospitalários continuaram leais a ele, marchou para ser coroado em Jerusalém. Todas as igrejas se fecharam para ele, e não foi encontrado nem mesmo um padre para oficiar a coroação. Mas Frederico desprezara a autoridade papal por tempo demais para ceder a ela agora, quando era exercida com tanta injustiça; assim, como não havia ninguém para coroá-lo, com muita sabedoria ele coroou a si próprio. O imperador pegou a diadema real no altar e, com audácia e orgulho, colocou-a sobre a própria cabeça. Os gritos do populacho não fizeram com que o céu tremesse, os hinos de louvor e triunfo dos prelados não ressoaram; mas mil espadas se ergueram de suas bainhas, para testemunhar que seus donos defenderiam o monarca até a morte.

Não se esperava que ele renunciasse, por qualquer período que fosse, ao domínio de sua terra natal em troca da coroa incômoda e do solo árido da Palestina. Antes de completar seis meses entre uma coisa e outra, Frederico já vira o suficiente dos novos súditos, e interesses mais importantes o chamavam ao lar. João de Brienne, abertamente aliado ao papa contra ele, devastava seus territórios à frente de um exército papal. Essa notícia decidiu seu retorno. Como passo preliminar, Frederico fez com que aqueles que contestavam a sua autoridade sentissem, para tristeza própria, que ele era seu senhor. Então, carregado das pragas da Palestina, Frederico partiu. E assim terminou a sétima cruzada que, apesar de todas as desvantagens e obstáculos, prestou maior serviço à Terra Santa do que qualquer uma que ocorrera antes dela; resultado que se pode atribuir exclusivamente à valentia de Frederico e à generosidade do sultão Camil.

Término tão feliz da cruzada não causou puro prazer na Europa. A cavalaria da França e da Inglaterra era incapaz de descansar, e muito antes da conclusão da trégua reunia exércitos para uma nova expedição. Na Palestina, também, o contentamento estava longe de ser universal. Muitos pequenos Estados muçulmanos nos arredores não participaram da trégua, e atacavam as cidades fronteiriças incessantemente. Os Templários, sempre turbulentos, travaram com o sultão de Alepo uma guerra amarga ao fim da qual foram quase exterminados. O massacre foi tão grande que ressoou pela Europa a triste história de seu destino, e muitos nobres cavaleiros empunharam armas para impedir a destruição total de uma ordem associada com tantas lembranças elevadas e inspiradoras. Camil, vendo os preparativos que se faziam, concluiu que já havia mostrado generosidade suficiente. Assim, exatamente no mesmo dia em que a trégua acabava, assumiu a ofensiva, tomando posse de Jerusalém depois de derrotar as parcas forças dos cristãos. Antes de a notícia chegar à Europa, um grande corpo de cruzados já estava em marcha, liderado pelo rei de Navarra, o duque da Burgúndia, o conde da Bretanha e outros líderes. Ao chegar, eles descobriram que Jerusalém havia sido tomada, mas que o sultão morrera, e seu reino fora despedaçado por rivais que reivindicavam o poder supremo. As dissenções entre os inimigos deveriam ter feito com que se unissem, mas, como em todas as cruzadas anteriores, cada senhor feudal era o chefe de seu próprio bando e agia por responsabilidade própria, sem referência a nenhum plano geral. A consequência era que nada podia ser feito. Uma vantagem temporária era obtida por um líder, que não tinha meios de ampliá-la, enquanto outro era derrotado, sem meios de se recuperar. Desse modo, a guerra se arrastou até a batalha de Gaza, na qual o rei de Navarra foi derrotado com grandes perdas

Ilustração da Sétima Cruzada.

A HISTÓRIA DAS ILUSÕES E LOUCURAS DAS MASSAS

e compelido a se salvar da destruição total fazendo um tratado duro e opressivo com o governador de Carachi.

No meio dessa crise, chegou auxílio da Inglaterra, sob comando de Ricardo, conde da Cornualha. Seu exército era forte e cheio de esperanças. Os soldados confiavam em si mesmos e em seu líder, e quem os contemplava via homens acostumados a vencer. A chegada deles mudou o estado de coisas. O novo sultão do Egito travava guerra com o sultão de Damasco e não tinha forças para enfrentar dois inimigos tão poderosos. Enviou, pois, mensageiros ao conde inglês, oferecendo uma troca de prisioneiros e a cessão total da Terra Santa. Ricardo, que não fora até ali lutar só por lutar, concordou de imediato com condições tão vantajosas, e se tornou o libertador da Palestina sem desferir um único golpe. Então o sultão do Egito voltou as suas tropas contra os inimigos muçulmanos, e o conde da Cornualha retornou à Europa. Assim terminou a oitava cruzada, a mais benéfica de todas. A cristandade não tinha mais pretexto para enviar suas tropas ferozes ao Oriente. Todas as aparências indicavam que as guerras santas estavam terminando: os cristãos tinham posse total de Jerusalém, Trípoli, Antioquia, Edessa, Acre, Jafa e, em verdade, de quase toda a Judeia; e se tivessem conseguido manter a paz entre si, eles poderiam ter superado, sem grande dificuldade, o ciúme e a hostilidade de seus vizinhos. Uma circunstância tão imprevista quanto desastrosa, porém, arruinou essa bela perspectiva, e reacendeu, pela última vez, o fervor e a fúria dos cruzados.

Gengis Khan e seus sucessores haviam varrido a Ásia como uma tempestade tropical, destruindo no caminho os marcos das eras. Reino após reino era derrubado à medida que eles partiam, inumeráveis, dos recessos longínquos do norte e do leste e, entre outros, o império Corásmio foi sobrepujado por essas hordas que tudo conquistavam. Raça incivilizada e feroz, os corásmios, expulsos de casa, espalharam-se, por sua vez, pelo sul da Ásia com fogo e espada, em busca de um local de repouso. Em seu impetuoso curso, dirigiram-se ao Egito, cujo sultão, incapaz de resistir ao enxame que lançara os olhos sedentos aos férteis vales do Nilo, decidiu desviá-los do caminho. Com esse propósito, enviou-lhes emissários convidando-os a assentar-se na Palestina; aceitando a oferta, a horda selvagem entrou no país antes que os cristãos recebessem qualquer notícia da sua vinda. Foi tão repentino quanto arrasador. Sempre para a frente, como o vento abrasante daquelas terras, eles vieram queimando e matando, e já estavam nos muros de Jerusalém antes que os habitantes tivessem tido tempo de olhar para o lado. Não pouparam nem vidas nem propriedades; mataram mulheres, crianças e padres no altar, e profanaram até os túmulos daqueles que haviam dormido por eras. Derrubaram todos os vestígios da fé cristã e cometeram horrores sem paralelos na história da guerra. Cerca de 7 mil habitantes de Jerusalém buscaram refúgio na retirada; mas antes que estivessem fora de vista, a bandeira da cruz foi hasteada sobre os muros pelo selvagem inimigo para ludibriá-los a voltar. O artifício teve grande sucesso. Os pobres fugitivos, imaginando que chegara assistência de outro lugar, deram meia-volta. Quase todos eles foram massacrados, e as ruas de Jerusalém foram banhadas de sangue.

Os cavaleiros Templários, Hospitalários e Teutônicos, esquecendo suas antigas e amargas animosidades, juntaram forças para expulsar esse desolador adversário e entrincheiraram em Jafa com todos os cavaleiros que haviam permanecido na Palestina, conseguindo, assim, fazer com que os sultões de Emissa e Damasco os socorressem contra o inimigo comum. O auxílio dos muçulmanos chegava, de início, a apenas 4 mil homens, mas, com esses reforços, Gualtério de Brienne, senhor de Jafa, resolveu enfrentar os corásmios. O conflito teve o máximo de letalidade que o desespero de um lado e a ferocidade não mitigada do outro eram capazes de produzir. Durou, com resultados variáveis, por dois dias, quando o sultão de Emissa fugiu para as suas fortificações, e Gualtério caiu nas mãos do inimigo. O bravo cavaleiro foi preso a uma cruz pelos braços às vistas dos muros de Jafa, e o líder corásmio declarou que permaneceria nessa posição até que a cidade se rendesse. Gualtério levantou sua voz enfraquecida não para recomendar a rendição, mas para ordenar aos soldados que resistissem até o último homem. Mas sua valentia foi em vão. O massacre tinha sido tão grande que da vasta gama de cavaleiros restavam então dezesseis Hospitalários, trinta e três Templários e três Teutônicos. Estes, com os tristes remanescentes do exército, fugiram para Acre, e os corásmios se tornaram senhores da Palestina.

A HISTÓRIA DAS ILUSÕES E LOUCURAS DAS MASSAS

Os sultões da Síria preferiam ter como vizinhos os cristãos a essa horda feroz. Até o sultão do Egito começou a se arrepender do auxílio que dera a adversários tão bárbaros, e uniu-se aos sultões de Emissa e Damasco para expulsá-los da terra. Os corásmios, que não passavam de 20 mil homens, foram incapazes de resistir à firme hostilidade que os cercava por todos os lados. Os sultões os derrotaram em vários enfrentamentos, e os camponeses se ergueram em massa para vingar-se deles. Seus números diminuíram gradualmente. Depois de cinco anos de lutas desesperadas eles foram finalmente extirpados, e a Palestina se tornou uma vez mais território dos muçulmanos.

Pouco antes dessa devastadora irrupção, Luís IX caiu doente em Paris, e sonhou, no delírio da febre, com uma luta entre os cristãos e os muçulmanos diante das hostes de Jerusalém, com a derrota dos cristãos numa grande carnificina. O sonho causou grande impressão na sua mente supersticiosa, e ele fez o juramento solene de que se algum dia recuperasse a saúde, faria uma peregrinação à Terra Santa. Quando as notícias dos infortúnios da Palestina e do pavoroso massacre em Jerusalém e Jafa chegaram à Europa, São Luís se lembrou de seu sonho. Mais convencido do que nunca de que isso era uma intimação direta do céu, preparou-se para carregar a cruz à frente de seus exércitos, e marchou para libertar o Santo Sepulcro. A partir desse momento, ele tirou o manto real de púrpura e arminho e vestiu-se com uma sóbria sarja, tornando-se um peregrino. Todos os seus pensamentos foram direcionados ao cumprimento de seu desígnio, e embora o reino não pudesse se dar ao luxo de ficar sem ele, Luís se preparou para deixá-lo. O papa Inocêncio IV aplaudiu esse zelo e prestou-lhe toda a assistência. Luís escreveu para Henrique III da Inglaterra para dar apoio à causa em seus domínios, e convocou todo o clero e os leigos da Europa a contribuir. O conde de Salisbury assumiu a cruz à frente de um exército de valentes cavaleiros e soldados. Mas não era possível despertar o fanatismo do povo nem na França nem na Inglaterra. Grandes exércitos foram reunidos, mas as massas não se solidarizavam mais. Os impostos haviam esfriado o zelo. Nem mesmo para um cavaleiro era mais uma desgraça se ele se recusasse a carregar a cruz.

Sendo esse o sentimento geral, não é de espantar que Luís tenha levado três anos para organizar suas forças e fazer as preparações necessárias para a partida. Quando tudo estava pronto, ele se foi para Chipre, acompanhado pela rainha, pelos dois irmãos, pelos condes de Anjou e Artois e pelos mais nobres cavaleiros da França. Seu terceiro irmão, o conde de Poitiers, ficou para trás para organizar outro corpo de cruzados, e o seguiu alguns meses depois. O exército se reuniu em Chipre e, excluindo os cruzados ingleses, chegava a 50 mil homens. Mais uma vez uma doença pestilenta, da qual muitas centenas caíram vítimas, apareceu. Em consequência, fez-se necessário permanecer em Chipre até a próxima primavera. A seguir, Luís embarcou para o Egito, mas uma violenta tempestade separou a frota, e ele chegou a Damieta antes, com apenas alguns milhares de homens. Estes, porém, eram impetuosos e estavam cheios de esperanças; embora o sultão esperasse por eles na praia com uma força infinitamente superior, decidiu-se tentar o desembarque sem esperar a chegada do resto do exército. O próprio Luís, com selvagem impaciência, saltou de seu bote e caminhou pela praia, e o exército, inspirado por essa bravura entusiasmada, seguiu o exemplo, entoando o antigo grito de guerra dos primeiros cruzados, *Deus vult! Deus vult!*. O pânico se apossou dos turcos. Um corpo da cavalaria tentou cair sobre os cruzados, mas os cavaleiros fincaram os grandes escudos na areia da praia e colocaram as lanças sobre eles, de modo que se projetaram para cima e formaram uma barreira tão imponente que os turcos, temerosos de opor-se a ela, viraram as costas e começaram a fugir. No momento desse desespero, espalhou-se pelas hostes sarracenas a notícia falsa de que o sultão tinha sido morto. Imediatamente a confusão se tornou generalizada — a derrota foi completa: Damieta foi abandonada, e naquela mesma noite os cruzados vitoriosos estabeleceram seu quartel-general naquela cidade. Os soldados que haviam se separado do rei pela tempestade chegaram pouco depois; e Luís estava numa posição que justificava a esperança de conquista não apenas da Palestina, mas do próprio Egito.

Todavia, o excesso de confiança se mostrou a ruína de seu exército. Eles pensaram que, uma vez que haviam conquistado tanto, nada mais restava a fazer, e entregaram-se ao conforto e ao luxo. Quando, por ordem de Luís, marcharam rumo ao Cairo, já não eram os mesmos homens; a vida fácil, a esbórnia, as doenças e o clima diferente os debilitaram. O progresso deles rumo ao Cairo foi interrompido por um canal às margens do qual os sarracenos os esperavam. Um camponês concordou, por um valor considerável, em mostrar um vau pelo qual o exército poderia fazer a travessia, e o conde d'Artois foi despachado com 14 mil homens para tentá-la, enquanto Luís ficou para enfrentar os sarracenos com o corpo principal do exército. O conde fez a travessia em segurança e derrotou o destacamento que fora enviado para impedi-la. Impelido pela vitória, o valente conde esqueceu a inferioridade de seus números e perseguiu o inimigo em pânico até Massoura. Agora ele estava completamente apartado do auxílio dos irmãos cruzados, o que fez com que os muçulmanos recuperassem a coragem e caíssem sobre ele, com uma força inchada pela guarnição de Massoura e por reforços dos distritos circundantes. A batalha agora se tornou corpo a corpo. Os cristãos lutaram com a energia dos homens desesperados, mas o número crescente do inimigo cercou-os completamente e acabou com qualquer esperança, fosse de vitória, fosse de escape. O conde foi um dos principais mortos, e quando Luís chegou para o resgate, encontrou a valente vanguarda quase feita em pedaços. Não mais que 3 mil dos 14 mil restavam. A fúria da batalha foi agora multiplicada por três; o rei francês e suas tropas realizaram prodígios de valentia, e os sarracenos lutaram como se estivessem determinados a exterminar, em um último esforço decisivo, o novo enxame europeu que aparecera na sua costa. Ao cair do orvalho da noite, os cristãos eram os senhores do campo de Massoura, mas seus líderes, com tristeza, estavam convencidos de que aquele campo fatal completara a desorganização do exército cristão, e que todas as esperanças de conquistas futuras tinham chegado ao fim.

Motivados por essa verdade, os cristãos pediram paz. O sultão insistiu na evacuação imediata de Damieta e na entrega do próprio Luís como refém para cumprimento dessa condição. Seu exército recusou de pronto, e as negociações foram interrompidas. Então resolveu-se tentar uma retirada; mas os ágeis sarracenos, ora pela frente, ora pela retaguarda, tornaram-na uma questão de extrema dificuldade, e os extraviados eram liquidados em grandes números. Centenas deles foram afogados no Nilo; e a doença e a fome provocou um triste estrago sobre aqueles que escaparam de todas as outras baixas. O próprio Luís ficou tão fraco em virtude de doença, fadiga e desencorajamento que mal conseguia se sentar sobre seu cavalo. Na confusão da fuga, ele foi separado de seus serviçais e deixado como completo estranho sobre as areias do Egito, doente, desgastado e quase sem amigos. Apenas um cavaleiro o servia, e este o levou a uma cabana miserável numa pequena vila, onde por vários dias Luís ficou, esperando pela vinda da morte a qualquer hora. Por fim, ele foi descoberto e preso pelos sarracenos, que o trataram com todas as honras devido à sua posição e toda a piedade em virtude de seus infortúnios. Sob cuidado deles, a saúde do rei melhorou rapidamente, e a próxima coisa a considerar foi o resgate.

Os sarracenos exigiram, além de dinheiro, a cessão de Acre, Trípoli e outras cidades da Palestina. Luís recusou sem hesitar, e conduziu-se com tanta dignidade e coragem que o sultão declarou que ele era o infiel mais orgulhoso que jamais vira. Depois de muitas disputas, o sultão concordou em abrir mão dessas condições, e finalmente chegou-se a um acordo. A cidade de Damieta foi devolvida; concordou-se com uma trégua de dez anos, e 10 mil moedas de ouro foram pagas pelo resgate de Luís e a libertação de todos os presos. Luís então retirou-se para Jafa e passou dois anos colocando aquela cidade, bem como Cesareia e outros territórios cristãos da Palestina, em condições apropriadas de defesa. Depois, retornou ao próprio país.

Houve uma trégua de dez anos, que acabou em 1264, quando São Luís resolveu empreender uma segunda jornada à Palestina. O papa Clemente IV, é claro, encorajou o desígnio, e uma vez mais a cavalaria da Europa começou a se agitar. Em 1268, Eduardo, herdeiro da monarquia inglesa, anunciou a determinação de juntar-se à cruzada; e o papa escreveu aos prelados e ao clero que auxiliassem a causa com sua persuasão e seus dividendos. Na Inglaterra, eles concordaram em contribuir com um décimo de suas posses; e por uma ordem parlamentar, um vigésimo do trigo e dos bens móveis de todos os leigos foi confiscado na festa de São Miguel.

Apesar das repreensões dos poucos estadistas sensatos que o rodeavam, Luís fez todos os preparativos para partir. A nobreza guerreira não se opôs em nada, e na primavera de 1270 o rei partiu com um exército de 60 mil homens. O mau tempo o desviou para a Sardenha e, uma vez lá, ocorreu uma mudança de planos. Em vez de seguir para Acre, como era a intenção original, Luís mudou o curso para Túnis, na costa da África. O rei de Túnis havia, algum tempo antes, se mostrado favorável aos cristãos e à sua religião, e Luís, ao que parece, tinha esperanças de convertê-lo e de garantir seu auxílio contra o sultão do Egito. "Que honra seria a minha se eu conseguisse me tornar padrinho desse rei muçulmano", ele dizia. Com essa ideia em mente, Luís desembarcou na África, perto da cidade de Cartago, mas descobriu que seus planos não tinham consentimento da parte interessada. O rei de Túnis nem cogitava abandonar sua religião, tampouco pretendia ajudar os cruzados de qualquer modo que fosse. Ao contrário, ele se opôs ao seu desembarque com todas as forças que podiam ser reunidas em emergência tão repentina. Os franceses, no entanto, sustentaram sua posição inicial e derrotaram os muçulmanos com perdas consideráveis. Também ganharam alguma vantagem sobre os reforços que foram enviados para se opor a eles; mas uma doença apareceu no exército e pôs fim a todas as suas vitórias futuras. Os soldados morriam à taxa de cem por dia. O inimigo, ao mesmo tempo, causava tantos estragos quanto a praga. O próprio Luís foi um dos primeiros atacados pela moléstia. Sua constituição fora enfraquecida por fadigas, e mesmo antes de deixar a França ele não conseguia suportar o peso total de sua armadura. Luís resistiu por alguns dias, mas morreu em Cartago, aos cinquenta e seis anos de idade, para luto profundo de seus soldados e seus súditos, deixando para trás uma das reputações mais singulares da história. Charles de Anjou, o irmão do rei, rapidamente negociou a paz com o rei de Túnis, e o exército da França voltou para casa.

Eduardo da Inglaterra perseverou por conta própria e chegou com segurança a Acre. Sua chegada fez com que as duas grandes ordens militares se unissem a ele num último esforço para libertar sua terra adotiva. Uma força de 60 mil guerreiros logo se formou para se juntar às do príncipe inglês. O sultão Baibars, um feroz mameluco que fora posto no trono por uma revolução sangrenta, estava em guerra com todos os seus vizinhos, e incapaz, por essa razão, de concentrar todas as suas forças contra eles. Aproveitando-se disso, Eduardo marchou com ousadia rumo a Nazaré, derrotou os turcos e tomou posse da cidade. Nisso se resumiram todas as suas vitórias. O tempo quente engendrou doenças entre suas tropas, sendo ele um dos primeiros a adoecer. Eduardo se recuperava lentamente quando um mensageiro expressou o desejo de falar-lhe sobre questões importantes e entregar alguns despachos em suas próprias mãos. O príncipe examinava os documentos quando o traiçoeiro mensageiro desembainhou uma adaga e esfaqueou-o no peito. A ferida, felizmente, não foi profunda, e Eduardo, que já tinha recuperado uma porção de sua força, lutou com o assassino e matou-o com a própria adaga, ao mesmo tempo que gritava por auxílio. Os serviçais que acudiram a seu chamado encontraram-no sangrando profusamente, e garantiram,

Rei Luís preso no Egito. Ilustração.

ao inspecioná-la, que a adaga estava envenenada. Tomaram-se medidas imediatas para limpar a ferida, e o grão-mestre dos Templários enviou um antídoto que anulou todos os efeitos do veneno.

Ao se recuperar, Eduardo se preparou para retomar a ofensiva, mas o sultão, embaraçado pela defesa de interesses que, no momento presente, considerava de maior importância, fez uma oferta de paz aos cruzados. Essa demonstração de fraqueza tornaria, em condições normais, um homem do temperamento de Eduardo ainda mais ansioso para travar a guerra; mas ele também tinha outros interesses a defender: chegaram à Palestina notícias da morte de seu pai e da necessidade de sua presença na Inglaterra. Assim, ele concordou com os termos do sultão, de acordo com os quais os cristãos poderiam manter todas as suas posses na Terra Santa e uma trégua de dez anos seria proclamada. Eduardo então partiu para a Inglaterra; e assim terminou a última cruzada.

O destino posterior da Terra Santa pode ser narrado em poucas palavras. Os cristãos, sem considerar os sofrimentos passados nem os vizinhos ciumentos com os quais tinham de lidar, quebraram a trégua saqueando alguns comerciantes egípcios próximo a Margat. O sultão vingou o ultraje de imediato tomando posse da cidade, e a guerra, uma vez mais, reviveu entre as nações. Margat defendeu-se com bravura, mas não chegaram reforços da Europa para impedir sua queda. Trípoli foi a próxima, e outras cidades em sucessão, até que por fim Acre era a última cidade da Palestina que continuava em posse dos cristãos.

O grão-mestre dos Templários reuniu seu pequeno e devoto grupo; e com o modesto auxílio fornecido pelo rei de Chipre, preparou-se para defender até a morte a última posse de sua ordem. A Europa ficou surda a seu grito de ajuda, os números do inimigo eram esmagadores, e a coragem devotada foi em vão. Nesse desastroso cerco, os cristãos foram praticamente exterminados. O rei de Chipre fugiu ao ver que a resistência era inútil, e o grão-mestre caiu à frente de seus cavaleiros, perfurado por centenas de feridas. Somente sete Templários, e a mesma quantidade de Hospitalários, escaparam dessa pavorosa carnificina. Depois os muçulmanos vitoriosos incendiaram a cidade, e o domínio cristão da Palestina chegou ao fim para sempre. A notícia espalhou alarme e tristeza por entre o clero da Europa, que tentou uma vez mais recrutar o entusiasmo e a energia das nações a favor da causa da Terra Santa; mas a loucura chegara ao fim, e tudo foi em vão.

Qual foi o grande resultado de todas essas lutas? A Europa dispendeu milhões de seus tesouros e o sangue de 2 milhões de seus filhos; e um punhado de cavaleiros briguentos manteve a posse da Palestina por cerca de cem anos! Mas não obstante o fanatismo que as originou e a insanidade que as conduziu, as cruzadas não produziram só mal. Os senhores feudais se tornaram membros melhores da sociedade ao entrar em contato, na Ásia, com uma civilização superior à sua própria; e o povo garantiu pequenos acréscimos a seus direitos; os reis, não mais em guerra com a própria nobreza, conseguiram aprovar algumas boas leis.

Gustave Doré foi um dos artistas que mais ilustrou cenas das cruzadas.

AS CRUZADAS MODERNAS

Charles Mackay considerou as cruzadas um exemplo de desatino porque consistiram no deslocamento de milhares de europeus para guerrear na Ásia por motivo duvidoso com consequências desastrosas. O que ele diria de um conflito no qual milhões de europeus se mataram como formigas e destruíram o continente como quem pisa num formigueiro? Assim foi a Primeira Guerra Mundial (1914-1918), insana em seus motivos, seus acontecimentos, seus desdobramentos, seu desenlace e suas consequências.

Havia anos os países europeus se preparavam para uma guerra apocalíptica entre si. O Império Austro-Húngaro, composto por dezoito nações, e o Império Russo, composto por tantas outras, eram barris de pólvora constantes. A Alemanha se formara como nação unificada apenas em 1871, buscando desde então firmar-se como potência em pé de igualdade com as outras. Com grande rapidez, tornou-se a nação mais industrializada e de maior poderio bélico do continente, o que despertou a fúria da Grã-Bretanha, à qual ambos os louros tinham sido conquistados. A França, por seu turno, estava apavorada com o poder econômico e bélico do vizinho de fronteira, que não somente tinha território maior, população maior e economia maior, mas a humilhara numa guerra em 1871. Nesse cenário, todos temiam uns aos outros e buscavam armar-se e defender-se, com exércitos nacionais cada vez mais gigantescos e poderosos.

Em consequência desse estado de coisas, as nações procuraram formar acordos militares de ajuda mútua. A França investiu milhões na industrialização e no desenvolvimento do exército da Rússia para que esta, quando a hora chegasse, pudesse ajudá-la a enfrentar a Alemanha. A Inglaterra, vendo na Alemanha perigo maior que na aliança franco--russa, juntou-se a esta, formando a Tríplice Entente. Temendo o isolamento total, a Alemanha logo se aliou à Áustria, ao Império Otomano e à Itália, formando a Tríplice Aliança.

Um dos pontos de tensão da Europa era a questão dos Bálcãs, região do sudeste do continente sob domínio quase total do Império Austro-Húngaro. Em 1908, o império anexara a Bósnia, despertando a ira dos sérvios, que pretendiam formar com os bósnios a Grande Sérvia. Os sérvios, por seu turno, eram apoiados pelos russos, que viam neles irmãos étnicos que tinham a obrigação de defender.

Em 28 de junho de 1914, o arquiduque Francisco Ferdinando, herdeiro do trono austríaco, resolveu visitar Sarajevo, capital da Bósnia, como um gesto de boa vontade. Os nacionalistas sérvios, no entanto, entenderam o ato como uma provocação. Gavrilo Princip, membro de um movimento nacionalista bósnio, matou o arquiduque e sua esposa a tiros. Em todo o mundo, o ato foi considerado, de início, apenas mais um capítulo de importância menor da interminável crise dos Bálcãs. Além disso, o crime não fora praticado por um Estado nacional, mas por um estudante desastrado, membro de uma organização clandestina.

Os austríacos, porém, que estavam decididos a usá-lo para dar aos sérvios uma lição definitiva, trataram o episódio como um ato de agressão do Estado sérvio. Assim, deram à Sérvia um ultimato que, se

Soldados em trincheiras na Primeira Guerra Mundial.

aceito, a tornaria um Estado cliente do império. Os russos jamais aceitariam essa situação, o que os austríacos sabiam muito bem. Assim, antes de emitir o ultimato, consultaram os alemães, que lhes deram um "cheque em branco" de apoio militar. Embora entendessem o risco de causar com isso uma guerra europeia, os alemães acreditavam que essa guerra era inevitável e que, portanto, quanto mais cedo acontecesse, melhor seria para a Alemanha, pois a Rússia se desenvolvia em ritmo acelerado e ficava cada vez mais forte.

Nesse momento, o cálculo das principais potências era o seguinte: os austríacos estavam determinados a esmagar os sérvios quaisquer que fossem os custos, acreditando que os alemães os protegeriam dos russos; os alemães acreditavam que poderiam vencer os russos se agissem rápido, e que a derrota dos austríacos, seu único aliado de peso, seria catastrófica para o prestígio e o poder do país; os russos acreditavam que abandonar os sérvios era perder tudo o que haviam ganhado nos Bálcãs ao longo de décadas; os franceses, que abandonar os russos seria consentir pacificamente com a hegemonia alemã na Europa. Os ingleses contemplavam tudo isso alarmados, considerando que ficar de fora do conflito os indisporia com todos os envolvidos e os reduziria a um poder de segunda categoria ao término da guerra.

Como era previsível, a Sérvia rejeitou o ultimato austríaco e, no dia 28 de julho de 1914, a Áustria declarou guerra à Sérvia. A partir daí, os cálculos militares passaram a dominar os países europeus.

Um dos fatos mais absurdos do conflito é que o czar russo Nicolau II e o imperador alemão Guilherme II eram não somente primos como amigos próximos. Nos dias anteriores ao início da guerra, os dois monarcas, que se tratavam por "Nicky" e "Willy", trocaram cartas em que alertavam um ao outro sobre os perigos do confronto iminente. No dia 29 de julho, por exemplo, Guilherme fez um apelo a Nicolau: "Prevejo que muito em breve serei esmagado pela pressão sobre mim e forçado a tomar medidas extremas que levarão à guerra. Para tentar evitar a calamidade de uma guerra europeia, imploro a você em nome de nossa antiga amizade que faça o que puder para impedir seus aliados de irem longe demais". Nicolau, no entanto, queixava-se de que o tom do embaixador alemão era muito diferente, e pedia que a disputa entre a

AS CRUZADAS

Áustria e a Sérvia fosse resolvida pelo Tribunal de Haia, pedido que Guilherme ignorou. Sem que os soberanos chegassem a acordo algum, as correspondências cessaram abruptamente.

No dia 30 de julho, com extrema hesitação, Nicolau ordenou a mobilização de todas as forças armadas russas. Para os russos, isso significava apenas deixar o exército de prontidão; para os alemães, significava, inexoravelmente, uma declaração de guerra à qual deveriam responder com rapidez. A eclosão do conflito entre as duas nações deveu-se, pois, a uma fantástica trapalhada.

Convencidos de que estavam sob ataque russo, os alemães iniciaram a própria mobilização no dia 1º de agosto. Para eles, atacar primeiro era vital, e estar em guerra com a Rússia era estar em guerra com a França. Portanto, tomaram providências para atacar os franceses. De acordo com um antigo e detalhadíssimo plano de guerra alemão, a melhor estratégia para invadir a França era cruzando a Bélgica. Assim, a Alemanha solicitou ao país que lhe concedesse livre passagem, o que foi negado, e resultou na invasão da Bélgica pela Alemanha no dia 3 de agosto.

Até esse momento, a Grã-Bretanha assistia à confusão profundamente dividida entre os partidários da guerra e os da neutralidade, mas a invasão da Bélgica uniu a nação contra a Alemanha. A neutralidade belga fora firmada num tratado assinado pelas principais potências europeias em 1831, e o país tinha imenso peso estratégico para os britânicos. Como os alemães ignoraram a exigência de que a neutralidade belga fosse respeitada, a Grã-Bretanha declarou guerra à Alemanha no dia 4 de agosto. Tinha início a Primeira Guerra Mundial.

A insanidade absoluta da situação foi resumida pelo historiador Michael Howard: "[O comando geral alemão acreditava que] para apoiar os austríacos em um conflito com a Rússia a respeito da Sérvia, a Alemanha deveria atacar a França, que não participava da disputa, e fazê-lo invadindo a Bélgica".*

Em todos os países envolvidos, o povo apoiou a guerra em peso, com rapazes em idade militar correndo alegremente para a morte cheios de entusiasmo. Na Inglaterra, em que era obrigatório ter no

---

* *The First World War: A Very Short Introduction*, Michael Howard, Oxford University Press, 2007, p. 23.

A HISTÓRIA DAS ILUSÕES E LOUCURAS DAS MASSAS

mínimo dezoito anos para lutar, jovens de dezesseis e dezessete falsificavam a data de nascimento para não perder a oportunidade de participar da carnificina.

Em agosto de 1914, cerca de 6 milhões de homens se deslocavam pelo continente europeu para trucidar os vizinhos. O número total de homens mobilizados nos países envolvidos é assombroso: a Alemanha mobilizou 13,3 milhões de homens (85% da população masculina com idade entre dezessete e cinquenta anos); a Rússia mobilizou entre 14 milhões e 15,5 milhões; a França, 8,4 milhões; as Ilhas Britânicas, 4,9 milhões. Entre 1914 e 1918, cerca de 60 milhões de militares foram mobilizados.

Essas proporções levaram ao advento da chamada "guerra total": a guerra não era mais uma disputa que se dava entre soldados profissionais enquanto a vida da maioria da população seguia inalterada, mas envolvia a sociedade inteira. Eram sociedades que lutavam entre si, não exércitos. Todos os recursos humanos e materiais foram mobilizados para o esforço de guerra, cujas necessidades tinham prioridade sobre as da população civil. Todas as indústrias se voltaram à produção de material bélico; o racionamento de alimentos foi introduzido nos países beligerantes. Além disso, a distinção entre combatentes e não combatentes, bem como entre alvos militares legítimos e território civil, tornou-se tênue e às vezes inexistente.

Entre agosto e novembro de 1914, a guerra consistiu em esforços da Alemanha para conquistar a França, repelidos com baixas pesadas para ambos os países. A partir daí, os dois lados, preocupando-se em defender as posições conquistadas, estabeleceram-se em trincheiras, grandes corredores subterrâneos construídos para abrigar os soldados e separar os exércitos. Ali os militares viviam por meses a fio, ao relento, na umidade e na sujeira, convivendo com ratos e insetos. Batalhas por alguns metros de território resultavam em milhões de mortos.

No início de 1917, a situação dos países envolvidos era desesperadora. Pessoas morriam de fome aos milhões na Alemanha e na Áustria. A França já havia convocado praticamente a população masculina inteira para a guerra. Na Rússia, a situação era de calamidade total, o que levou à derrubada do czar em fevereiro. As deserções e os motins ocorriam em enorme número em todos os exércitos.

Arriscando tudo, os alemães lançaram a "guerra submarina irrestrita", afundando qualquer navio, de qualquer tipo, de qualquer país que se aproximasse da costa da Grã-Bretanha, com o objetivo de impedir a chegada de suprimentos aos ingleses. Esse ato predispôs os Estados Unidos a declarar guerra ao país, mas o fator decisivo para isso foi talvez o gesto mais insano de todos de uma guerra repleta de

Vista aérea das ruínas de Vaux, França, 1918.

insanidades. No dia 16 de fevereiro, o ministro das Relações Exteriores da Alemanha, Arthur Zimmerman, enviou um telegrama ao governo mexicano propondo uma aliança entre os dois países. De acordo com ela, os alemães apoiariam os mexicanos para que invadissem os Estados Unidos e recuperassem os territórios perdidos do Texas, do Arizona e do Novo México. Os britânicos interceptaram a mensagem e a transmitiram aos americanos. No dia 5 de abril de 1917, os Estados Unidos declararam guerra à Alemanha. Com isso, a balança da guerra se desequilibrou decisivamente a favor dos aliados da Tríplice Entente. Os países da Tríplice Aliança foram, um a um, entrando em colapso e rendendo-se. No dia 9 de novembro de 1918, a república foi proclamada na Alemanha, e o kaiser abdicou; no dia 11 de novembro de 1918, a Alemanha assinou o armistício.

Quando o conflito terminou, o Império Austro-Húngaro, que dera início à guerra para firmar seu poder, não existia mais; o Império Russo, que reagira à agressão pelo mesmo motivo, não existia mais; o Império Alemão, que entrara na guerra para conquistar um lugar entre o primeiro time das nações europeias, foi humilhado, esmagado e deixou de existir. A França e a Inglaterra, que tinham entrado na guerra para evitar ser reduzidas a nações de segundo escalão pela Alemanha, foram, para vencê-la, reduzidas a nações de segundo escalão pelos Estados Unidos.

O custo total dessas conquistas impressionantes foram cerca de 40 milhões de mortos e 20 milhões de feridos. A Grã-Bretanha perdeu 2% de sua população; a França, 4,39%; a Rússia, 2,9%; a Sérvia, 16,67%; a Alemanha, 3,95%; a Áustria-Hungria, 4,05%. Dentro de vinte anos, os mesmos países se envolveriam numa nova guerra, igualmente desastrosa e insana.

FONTES

CAPÍTULO 1

Desenvolvimento do sistema financeiro
A ascensão do dinheiro: a história financeira do mundo, Niall Ferguson, Planeta, 2008.
Encilhamento
História do Brasil, Boris Fausto, Editora da Universidade de São Paulo, 1995.
https://www.historiadobrasil.net/brasil_republicano/encilhamento.htm

Plano Cruzado
https://www.todamateria.com.br/plano-cruzado/
https://www.suapesquisa.com/economia/plano_cruzado.htm
http://www.scielo.br/scielo.php?script=sci_arttext&pid=S0102-64451987000100004
https://pt.inflation.eu/taxas-de-inflacao/ipc-inflacao-1987.aspx

Crise de 2014
https://www.mises.org.br/Article.aspx?id=2190
https://www.mises.org.br/Article.aspx?id=2120
https://epoca.globo.com/ideias/noticia/2016/04/como-o-brasil-entrou-sozinho-na-pior-crise-da-historia.html
https://www1.folha.uol.com.br/mercado/2015/12/1724604-a-tragedia-da-economia-brasileira-em-2015-em-7-graficos.shtml
https://infograficos.gazetadopovo.com.br/economia/evolucao-do-pib-em-10-anos-2008-2017/
https://veja.abril.com.br/economia/doze-indicadores-para-resumir-a-crise-brasileira-em-numeros/

CAPÍTULO 2

Bug do milênio
https://super.abril.com.br/mundo-estranho/o-que-foi-o-bug-do-milenio/

http://www.cbi.umn.edu/Y2K/index.html

Fim do mundo maia
https://www.terra.com.br/noticias/educacao/voce-sabia/saiba-como-sur-
giu-a-profecia-maia-do-fim-do-mundo,54bff4ff6c7ab310VgnCLD2000000e-
c6eb0aRCRD.html

Guerra de Canudos
História do Brasil, Boris Fausto, Editora da Universidade de São Paulo, 1995.
https://repositorio.unb.br/bitstream/10482/10068/1/ARTIGO_AntonioConsel-
heiroProfeta.pdf
https://www.sohistoria.com.br/ef2/canudos/p1.php
https://guerras.brasilescola.uol.com.br/seculo-xx/a-guerra-canudos.htm

CAPÍTULO 4

Kemilly
http://tribunadaregiao.com.br/noticias/artigo/mulher-acusada-de-envene-
nar-criancas-foi-condenada-a-30-anos-de-prisao
https://umuarama.portaldacidade.com/noticias/policial/mulher-que-matou-cri-
anca-envenenada-foi-morta-na-cadeia-segundo-iml-1458
http://tribunadaregiao.com.br/noticias/artigo/presa-mulher-condena-
da-a-30-anos-por-envenenar-duas-criancas
http://tribunadaregiao.com.br/noticias/artigo/a-tragedia-que-vitimou-as-du-
as-meninas

Kaíke
https://gauchazh.clicrbs.com.br/seguranca/noticia/2019/06/como-um-iogurte-
ajudou-a-desvendar-dois-homicidios-no-interior-do-rio-grande-do-sul-
cjx2iu93c00v20lo9zt1w3ldq.html
https://gauchazh.clicrbs.com.br/geral/noticia/2014/11/mulher-e-condena-
da-em-camaqua-por-envenenamento-de-cunhada-cj5vscvrr0sh8xbj0lldqa-
fcz.html
https://guaiba.com.br/2019/05/30/camaqua-mulher-que-matou-afilhado-en-
venenado-e-condenada-a-29-anos-de-prisao/
https://g1.globo.com/rs/rio-grande-do-sul/noticia/2019/05/31/mulher-e-conde-
nada-a-29-anos-de-prisao-por-matar-afilhado-com-veneno-em-dom-feli-
ciano.ghtml

FONTES

Mirella
https://www.reportermt.com.br/policia/delegado-menina-de-11-anos-nao-anda-va-nao-falava-e-espumava-pela-boca/98983
https://www.vgnoticias.com.br/policia/mulher-que-matou-enteada-envenena-da-por-heranca-pode-ter-matado-o-sogro/61871

CAPÍTULO 5

Edifício Joelma

https://super.abril.com.br/mundo-estranho/lugares-assombrados-do-brasil-par-te-1-edificio-joelma/
http://fantasmas.com.br/as-assombracoes-do-edificio-joelma-2/
http://aracatinoticias.com/index.php/2018/11/24/edificio-joelma-historias-de-terror-e-misterio-nunca-antes-reveladas/

Castelinho do Flamengo
https://diariodorio.com/historia-do-castelinho-do-flamengo/
Almanaque das lendas urbanas 3, J. Fagundes, Discovery Publicações

Vivenda Santo Antonio de Apipucos
https://super.abril.com.br/mundo-estranho/lugares-assombrados-do-brasil-par-te-2-vivenda-de-sto-antonio/
Almanaque das lendas urbanas 3, J. Fagundes, Discovery Publicações

Palácio Universitário da UFRJ
http://especiais.g1.globo.com/rio-de-janeiro/2016/casas-mal-assombradas/

CAPÍTULO 6

A história da Primeira Guerra Mundial, David Stevenson, Novo Século, 2016.
The First World War: A Very Short Introduction, Michael Howard, Oxford University Press, 2007.
https://wwi.lib.byu.edu/index.php/Introduction:_Willy-Nicky_Letters_between_the_Kaiser_and_the_Czar
https://alphahistory.com/worldwar1
https://en.wikipedia.org/wiki/World_War_I_casualties

ASSINE NOSSA NEWSLETTER E RECEBA INFORMAÇÕES DE TODOS OS LANÇAMENTOS

www.faroeditorial.com.br